JN164992

おもしろサイエンス

コンタクトレンズと眼鏡の科学

久保田 慎［著］・畑田 豊彦［監修］

B&Tブックス
日刊工業新聞社

はじめに

二人に一人が持っている眼鏡……。十人に一人が装用しているコンタクト……。かつては、両方とも〝たったの2面〟で構成された単純な球面形状の単レンズでした。ところが、ちょうど人類がサルから進化したのと同じように、今では最新の形状や機能を持った器具として、あらゆる科学技術が加わり進化を続けています。一口でいうなら、「科学・英知を結集した、よりよく見えるための工夫」といえばよいでしょう。

眼鏡は13世紀の中頃に開発が盛んになったとされていますが、当時は拡大鏡として扱われました。それから数百年の時を経て、たった2面で構成されていた「単なるレンズ」は、目の中に入るコンタクトレンズへと改良され、ここ数年では電子デバイスを組み込むようになり、今まさに歴史に残る驚異的な変貌を遂げようとしています。

ソフトコンタクトレンズは、その重さが僅か0・03グラム程度で、これはなんと水を吸った米粒1粒と同程度の重さなのです。さらにそれぞれの人の目に度数を合わせるたには、猫の毛1本の太さ約0・06ミリメートルよりも高い精度で精密に加工し、コンタクトレンズの小さなカーブを操ることで、レンズ度数規格の製造が自由自在になったのです。

一方で、むかしは重いガラスでできていた眼鏡はプラスチックへと変わり、今では軽く、薄くなっています。また、レンズもフレームも頑丈な製品になりました。現代のエレクトロニクス技術を搭載し、眼に照射することは危険と言われたレーザー光を自在にコントロールし網膜に照射して、VR（仮想現実）や

AR（拡張現実）のように現実世界に情報表示を加えるような商品へと発展してきています。

また、加齢により調節力の衰えた老視眼に対応できる遠近両用レンズが生まれました。これにより、老眼になって水晶体のピント調節力が衰えても、近くも遠くも見えるようになっているのです。現在もなお、これらの進化はとどまるところを知りません。

まず最初にコンタクトレンズや眼鏡に欠かせない、光学の基本的な原理原則や人間の眼について記します。これらの長所・短所や特徴にも触れ、それぞれの活躍のフィールドの違いや、特殊用途に用いられる製品も紹介していきます。

また、特徴を知ったうえで、現代の最先端技術が詰め込まれた製品のメカニズムも解説します。主目的である「視力補正」器具の現況を伝える一方で、新たな視力矯正方法にも触れてゆきます。眼光学・視力矯正分野において、人類にとっての共通課題がQOV(Quality Of Vision)です。その目的達成に向けて、技術者はどのような知恵を絞っているのか、また、科学技術をどう利用しているのか、こうした現実をうかがい知ることができる構成になっています。

さらに、ところどころコンタクトレンズの話題から離れ、両生類や水鳥が持っている、必要不可欠な驚異の水中コンタクトレンズ（瞬膜）や、動物の驚異的な能力（コンタクトレンズ）について明らかにしていきます。これらには、水中でモノを見るための役割があったり、鷹類は魚の捕食のために、水面の反射光を遮る、偏光レンズの役割を持つ驚くべき能力を持っているのです。

魚類や人類にはないこの「瞬膜=自らのコンタクトレンズ」は一部の動物にとっては、水中などの個々の生活環境において、視力を矯正する役割もあります。退化したであろう人類の「瞬膜」は、近代化による「老視」に対応するために、自らの近くを見るため「遠近両用コンタクトレンズ」として、いずれは

「退化→進化（環境適応）」するかもしれません。

本書執筆の動機は、眼鏡・コンタクト業界に身を置く一技術者の責務として、仕事上関わってきた最新技術や製品化を技術者としての目線から、一般に平易な形で紹介することです。本書の読者には、これらの技術やコンタクトレンズと眼鏡に関連した内容に触れていただくことにより、普段はあまり気に掛けることがない身近なコンタクト・眼鏡にも、より一層興味を持っていただけたら幸いです。

2018年2月

久保田 慎

おもしろサイエンス
コンタクトレンズと眼鏡の科学
目次

第1章 光を操って、視力を補正する!?

第2章 今のコンタクトレンズにできること!!

第3章 眼鏡もずっと進化を続けている

第4章 コンタクトレンズVS.眼鏡どっちが……？

第5章 特別な機能を持ったコンタクトレンズ・眼鏡

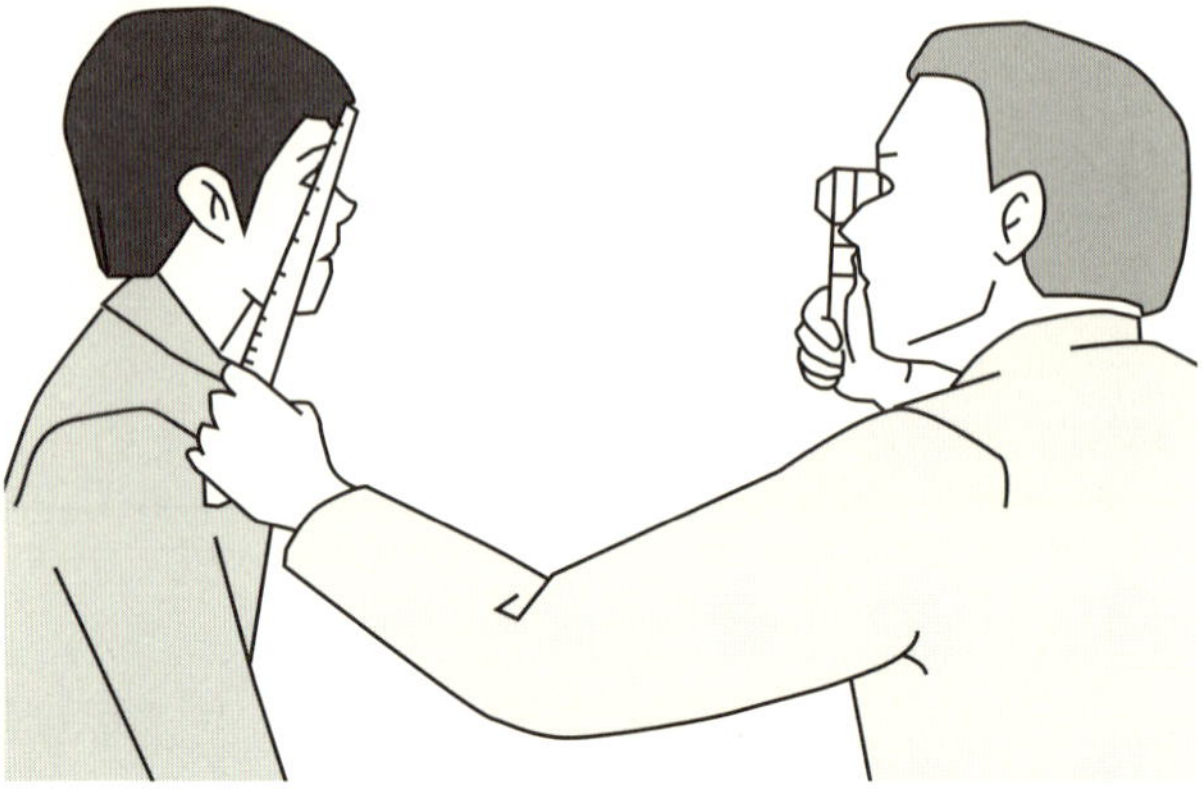

第1章

光を操って、視力を補正する!?

1 コンタクトレンズは〝猫の毛1本分〟よりも精密に加工されている

「近視」や「遠視」という言葉は、誰もが聞いたことがあるでしょう。これを眼鏡やコンタクトレンズで補正できることも公知の事実です。しかし、この視力補正のためにどんなレンズを使ってもよいわけではありません。透明な材料の表と裏の2面を「人それぞれの目に合った球面形状」に加工すると、光学的な原理により、近視や遠視の人に対して、視力が上手く補正されるのです。

私たちの身の回りにある衣服や靴のサイズと同じように、コンタクトレンズにも「度数：屈折力」という呼び方があります。このコンタクトレンズの「度数」をコントロールするには、なんと「猫の毛1本分」の細さ以下の加工精度が必要です。この加工精度で作られる「度数」は段階的になっており、刻み幅である度数「0・25D（ディオプター）」の規格幅で光の曲がり方を調整します。簡単に言うと、「猫の毛1本分（約0・06ミリメートル）」の加工精度がズレてしまうと、洋服のMサイズが合う人がSサイズを着たような違和感を生じてしまうのです。このように約0・06ミリメートル以下のカーブを描く円弧（曲率半径）の球面形状でレンズを加工すると、人々の目に合った「0・25D（ディオプター）」のコンタクトレンズ製品が実現できるのです。このコンタクトレンズは球面状のレンズのカーブ（曲率半径）を変えることで、光を曲げて網膜上に像がハッキリと映るように設計されていま

猫の毛１本の曲率半径差

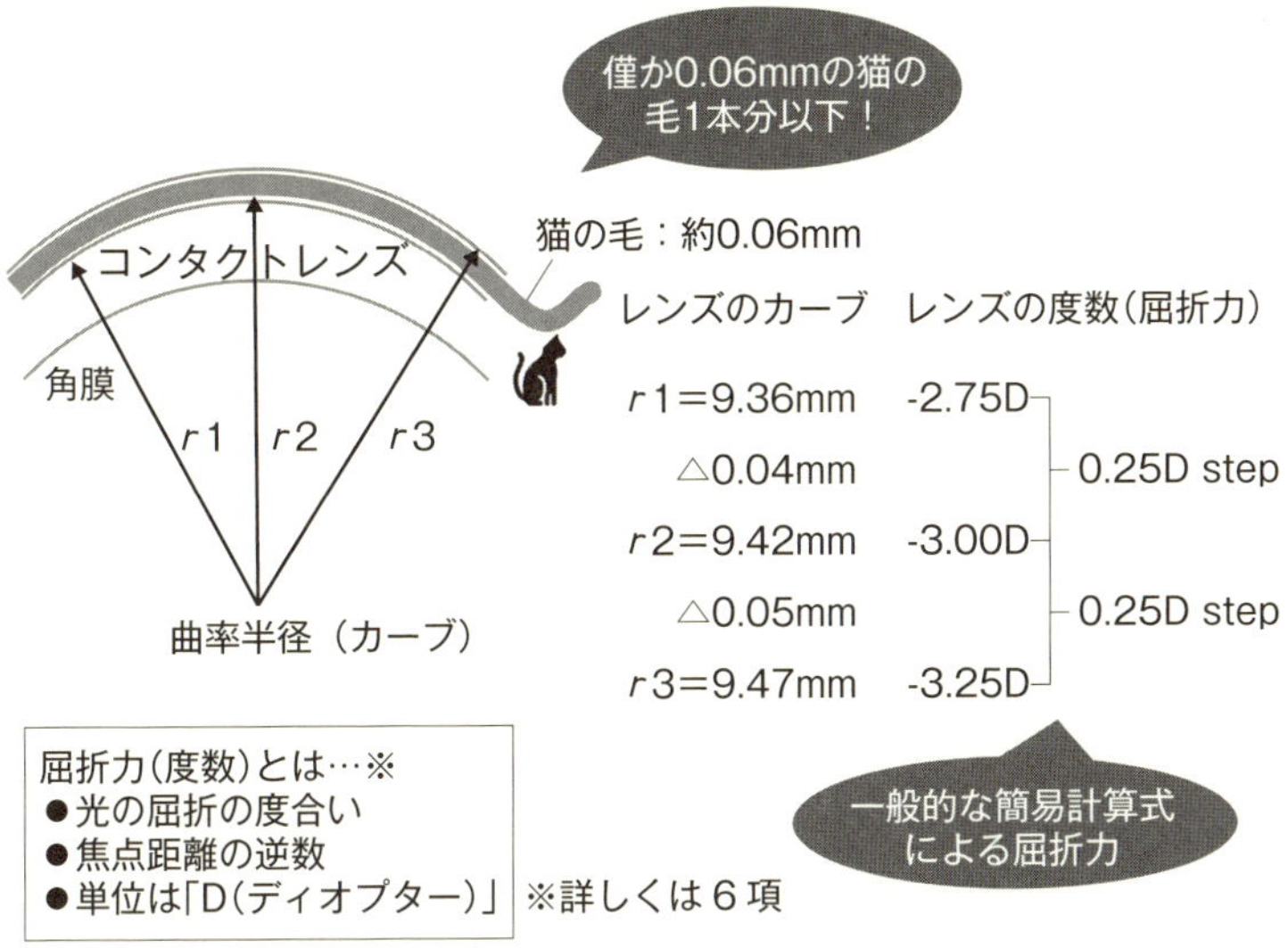

目が悪い人の網膜に映る像と補正された像

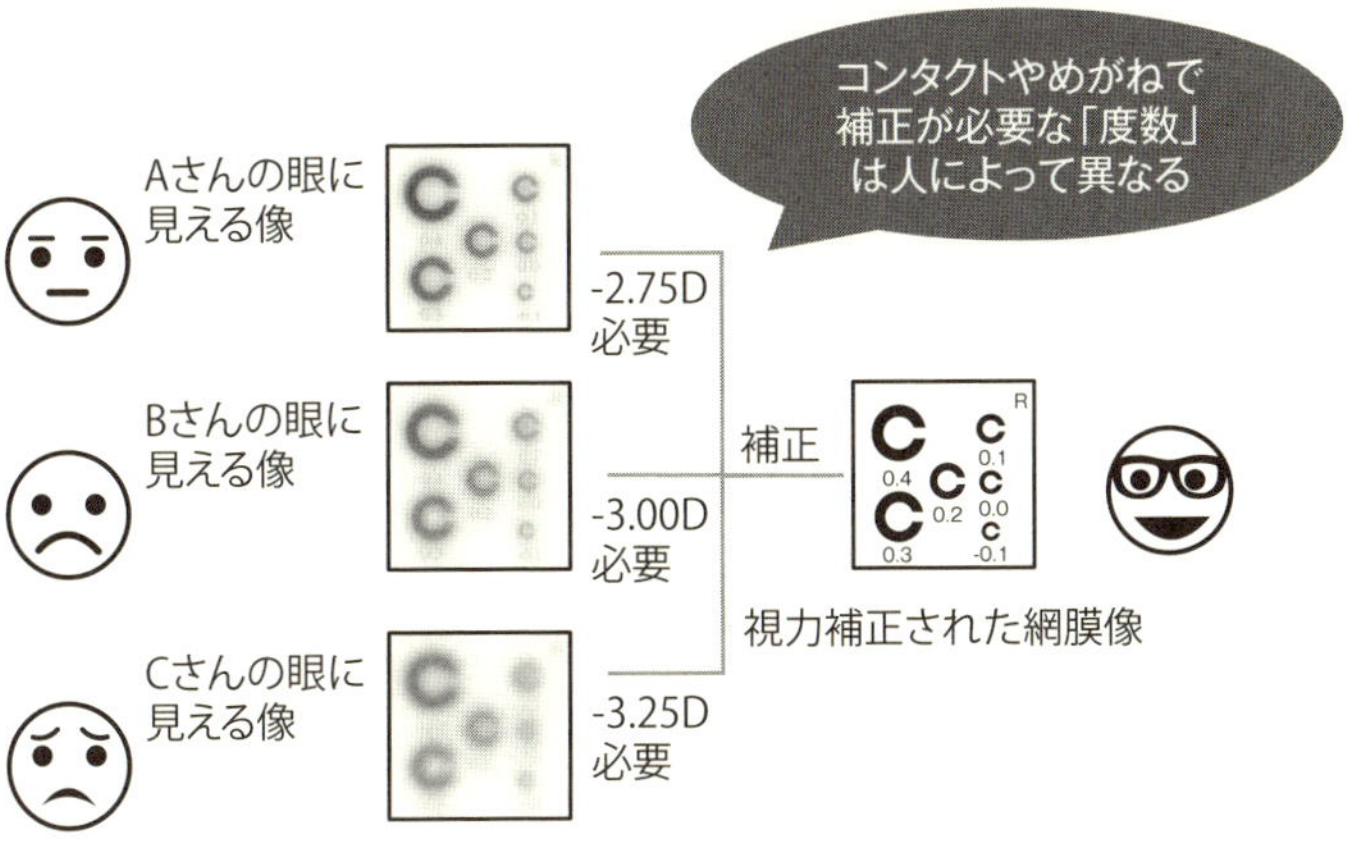

シミュレーション画像提供：千葉大学　大沼研究室

す。

人の眼球の大きさは概ね23ミリメートルくらいです。視力を補正するコンタクトレンズは、その目の悪さに応じて「度数」を変えたレンズで、モノが見えるように調整します。その「度数：屈折力」は「ディオプター」という単位で表現され、「0・25D（ディオプター）」の刻み幅で人の目に合うように調整すると、遠くのものがハッキリとみえるようになってきます。光を感じる網膜に焦点をしっかりと合わせるために、目に合った度数のレンズを処方するのです。

適正なレンズの曲率半径の値は、計算により導かれ、レンズを設計する上での計算式があります。これらにより導き出された曲率半径で作られたレンズは人間の感覚では到底作り分けることのできない刻み幅（猫の毛一本分以下のカーブ）であるため、レンズは精密な機器で加工をします。しかし、人間の眼や五感、特に触覚には表面状態や微細な凹凸の違和感を検知する能力があり、特別な製品は、いわゆる「職人」さんが、最後は人の手で仕上げているのも事実です。

様々な人の眼の状態に合ったコンタクトレンズや眼鏡を知る上で、まずは、光の特性を知るところからはじめましょう。

それぞれの人の視力を上手く補正するためにはレンズに精密な加工が必要なんだね。

目とコンタクトレンズ

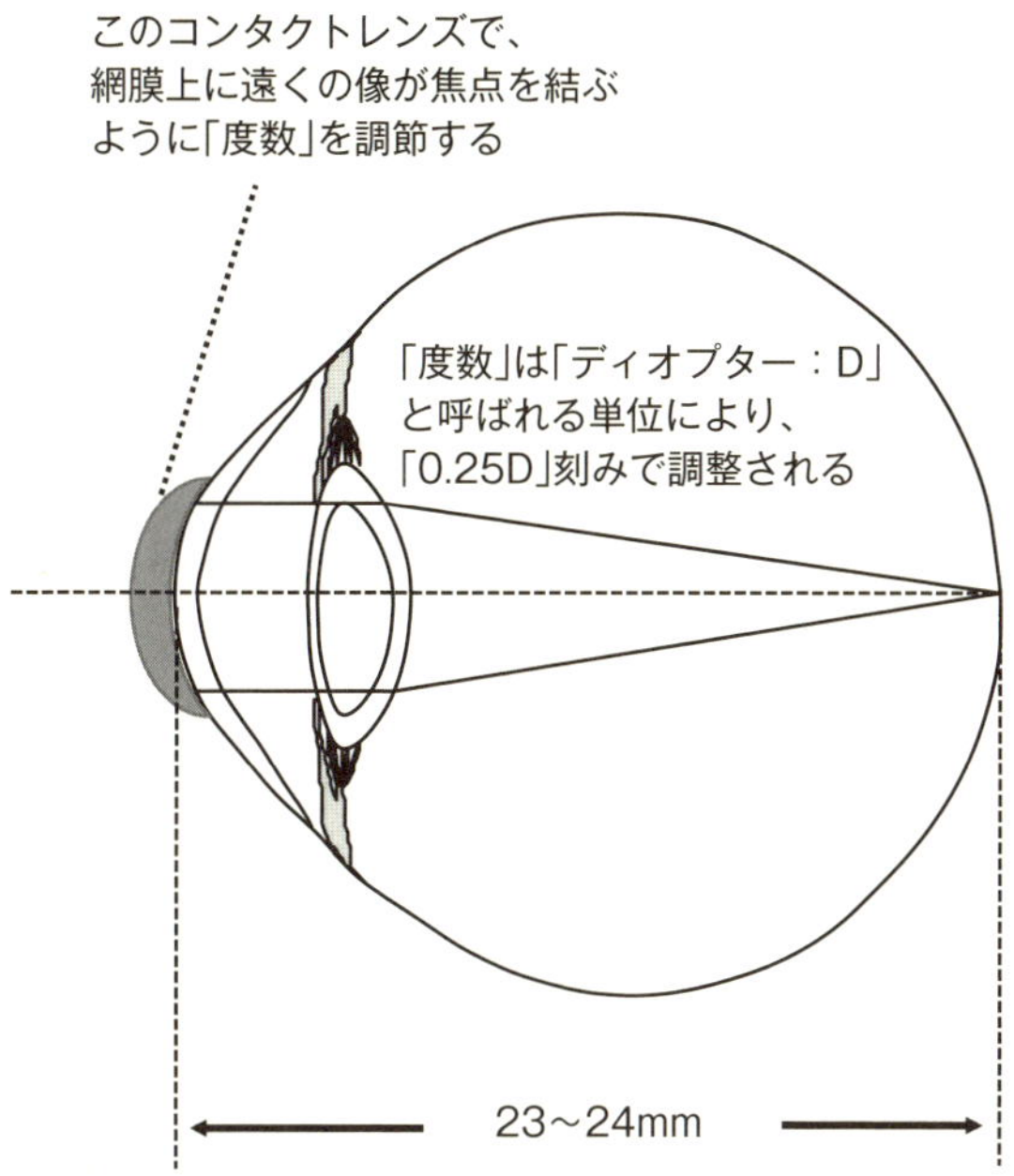
このコンタクトレンズで、
網膜上に遠くの像が焦点を結ぶ
ように「度数」を調節する
「度数」は「ディオプター：D」
と呼ばれる単位により、
「0.25D」刻みで調整される
23～24mm

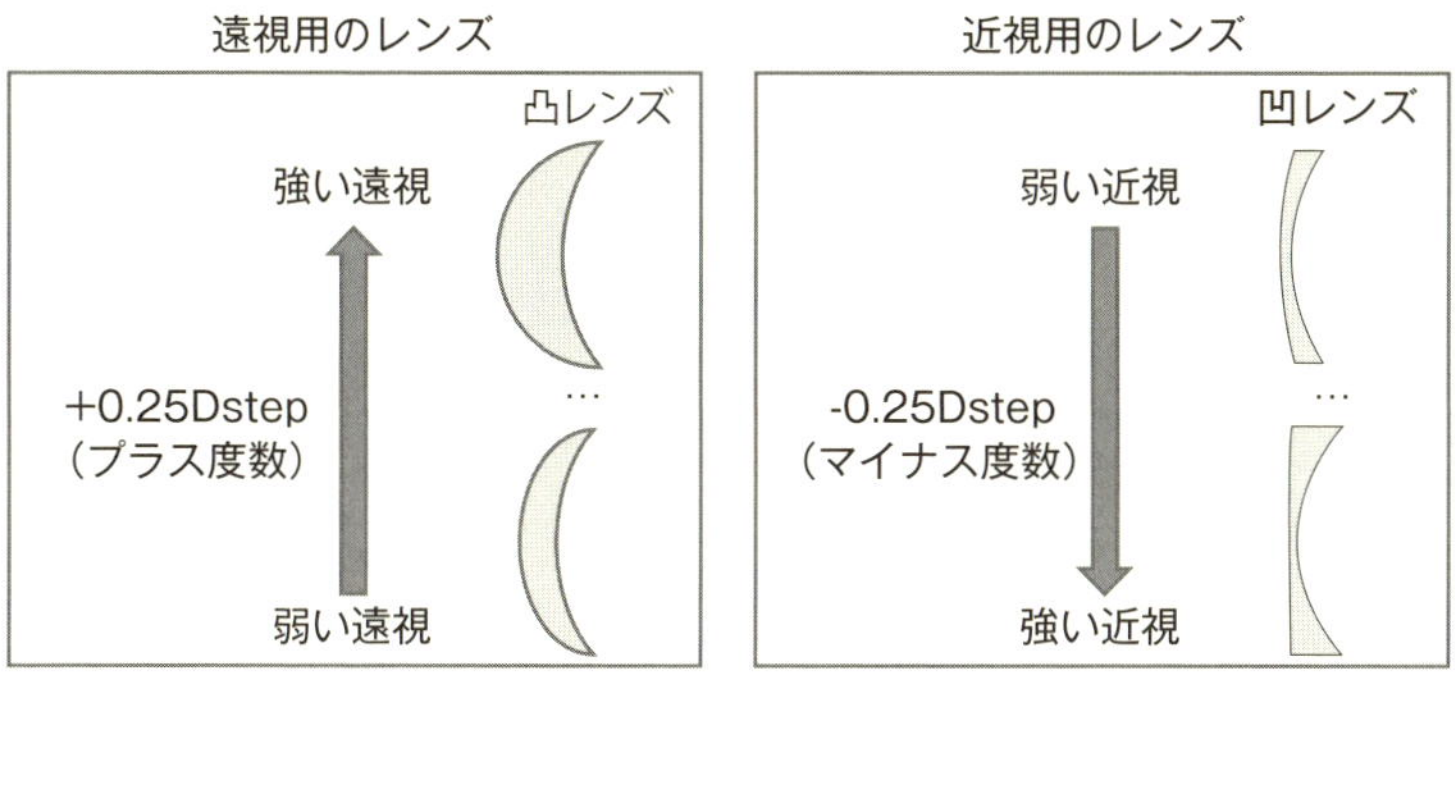
遠視用のレンズ
凸レンズ
強い遠視
+0.25Dstep
（プラス度数）
弱い遠視
近視用のレンズ
凹レンズ
弱い近視
-0.25Dstep
（マイナス度数）
強い近視

2 光は横着モノ？ 〝最短時間のルート〟で目的地点に到達

人が目的地を目指して移動するときには、最短距離よりも最短時間で到着するルートを選ぶのが世の常です。光にも似たような性質があります。それが有名な「フェルマーの原理」と呼ばれる法則です。遠方から来た光が目的地に到達するとき、光のもつ原理・原則です。

左図に示すようにA地点から出た光がB地点に到達する場合、光は〝最短時間のルート〟となる経路を選んで到達します。ここで間違えそうなのは、繰り返しになりますがA地点からB地点への〝最短ルート（最短距離）〟ではないということです。これは後の項で記しますが、屈折率が高い方が、光の進むスピードが遅くなるためです。そのため、光は水中では進むのが遅く、空気中では速くなります。「水中を進む距離は短い方がよい」のですが、「短くしすぎると空気中を進む距離が長くなる」ので、逆に時間がかかってしまいます。空気中を進む距離と水中を進む距離が〝最短時間〟となるのが、光の進む経路となるのです。遠回りをしてさえも、A地点からB地点への最短時間となるように光が進むのです。これは次の項で示す「スネルの法則」が形を変えて導き出されるものです。

さて、図のようにA地点とB地点の最短時間となるルートは1つだけなのでしょうか。答えはノーで、正解は「光の屈折面の状態をコントロールすれば無数に存在する」となります。次の項に詳細は示

最短時間のルートを通る光

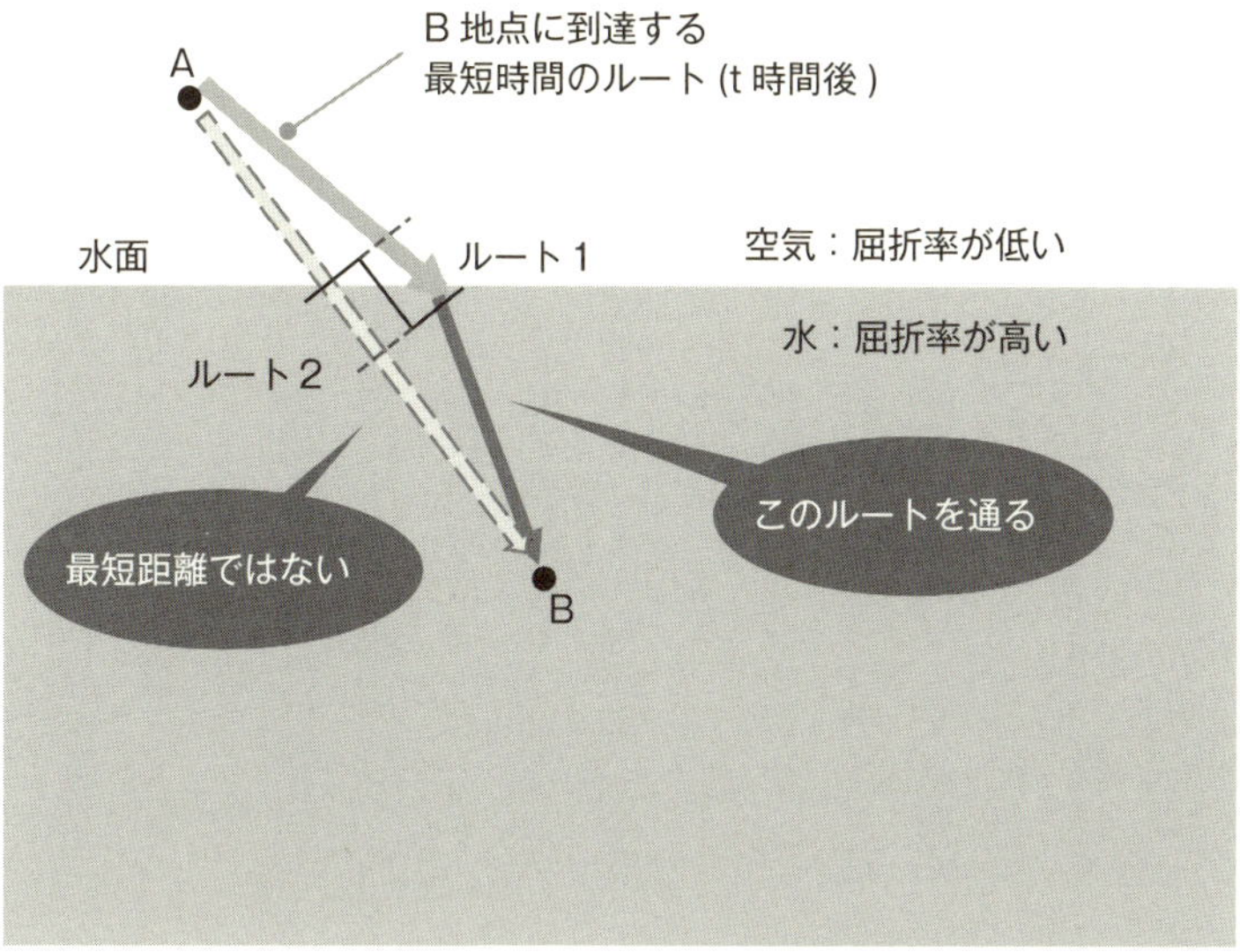

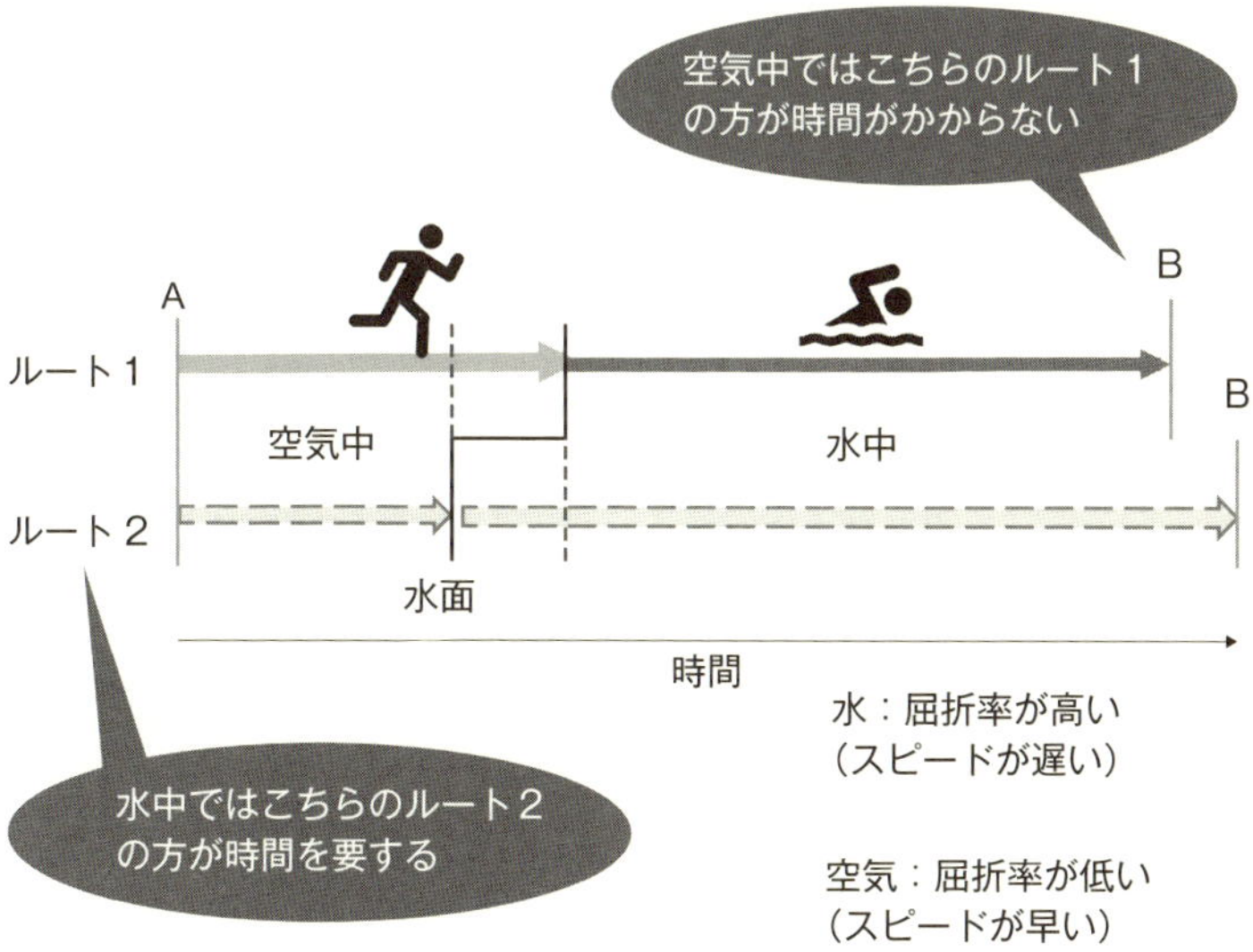

しますが、B地点に到達する最短時間の複数のルートがレンズの厚みとしての光の経路となり、「焦点」ができるのです。A地点からB地点に到達する間の無数のルートの一部を、スネルの法則（次項）などを利用して1点に集めるように設計します。B点の到達位置をレンズ方向に近くしたり、遠くしたりする、つまり、レンズの球面形状の度合い（カーブ：曲率半径）を変えることが光学設計であり、このレンズの厚み差により度数であるゴール地点の「焦点距離：B点」をコントロールするのです。このコントロール部分に薄いガラスあるいは、プラスチックを用いて「経路が短くなる部分ほど厚いガラスを通過させる」ことによって．経路差を調整してB地点への到達時間を限りなく同時にします。このように、B地点に最短時間で光を集めるために、最適な形状に計算でコントロールされたものがレンズといえるのです。

さらに、このレンズ形状は1つではなく、コンピュータシミュレーションにより複数の形状が得られることになります。しかし、コンタクトレンズなど、眼の上に乗せるためには、角膜の形状はほぼ決まっているので、レンズ形状は限定されてしまうのです。

この横着モノの光を、どのように近道させないか？　あるいは近道させるか？　材料の屈折率や厚さをコントロールすることで無数のルートから「最適ルート」を設計し、人の「網膜」という目的地に焦点として結像させる、人と自然の法則の知恵比べとでもいえるでしょうか。次の項ではこの「光を曲げ、自由自在にコントロール」する方法を記します。

一口メモ

光は移動する時に最短時間となる距離を選んで通ってくる。

3 光を曲げ、自由自在にコントロールして「見える」ようにする

その人の近視や遠視の目に合った度数をつけるには、はじめの項にも記したとおり、精密な加工が必要となります。では、猫の毛1本分の曲率半径差があると、なぜ「度数」の違いが発生するか考えてみましょう。これは前項にも記した光のもつ物理的な特性つまり、物質の中を透過する際の光のスピードの違いによるものなのです。

まず、1つ目は光のスピードは光学材料など、物体の中を通過する際に「遅くなる」という性質があります。A点を出た光がB点に焦点を結ぶように設計されたレンズを少しイメージがわきやすいように、走るスピードが同じである5人の走者が、A点から一斉にスタートしたと仮定します。走るスピードが同じですので、同一時刻にはA点から同じ距離の場所を走っているはずです。ここで、1つ目の走り方のルールを作ります。レンズに模したエリアだけ、サッカーボールでドリブルしなくてはいけないルールです。すると、5人の走者のスピードはどうなるでしょうか。ドリブルするエリアが長い真ん中の走者ほど、そのエリアを通過するのに時間がかかってしまいます。反対に、ドリブルするエリアが短いほど、通過する時間が早いことが想像つきます。

これがまさに、レンズの屈折率の違いによる変化です。屈折率が高ければ高いほど、光のスピードはレンズ材料のなかで遅くなるのです。屈折率とは、

真空中の光のスピードである光速度（c）をレンズ材料などの媒質中の光速度（v）で割った値数なのです。

さらにもう一つ条件を追加します。レンズに模したエリアに到達した際には、「必ず一定の方向に進まないといけない」というルールです。

これは「スネルの法則」と呼ばれ、屈折率が異なる物体の境界に生じるものです。例えば、これが球面であった場合、球面に接する線である「接線」に対して、垂直な法線を立てます。レンズに光が入る、あるいは出る際にはこの「スネルの法則」の通りに「決まった角度の方向」にしか走ってゆけないのです。

この二つのルール（法則）を使うことで5人の走者である光を、A点からB点に、到達するタイミングを限りなく同時にするように設計されたものがレンズといえます。

コンタクトレンズの度数を1段階変えるために必要な、曲面のコントロール量は、材料の屈折率「n」が1・4で、屈折力がマイナス3・00D前後の場合、猫の毛1本分の0・06ミリメートル程度の曲率半径の差をつけてあげることが計算式から導き出せるのです。この光のスピードに影響を与える屈折率は、屈折率が高いほどスピードが遅くなります。

極端に遅い材料としては、ダイヤモンドが2・4くらいあり、真空中の光のスピードよりも2倍以上遅いことがわかります。

なお、空気中では真空中の屈折率とほぼスピードは変わりません。

このようにして、レンズの2面の面間隔である曲面を自由自在に操つり、かつ、レンズ材料（屈折率）を変えることで光を曲げ、自由自在にコントロールするのです。

媒質中の光は遅くなる

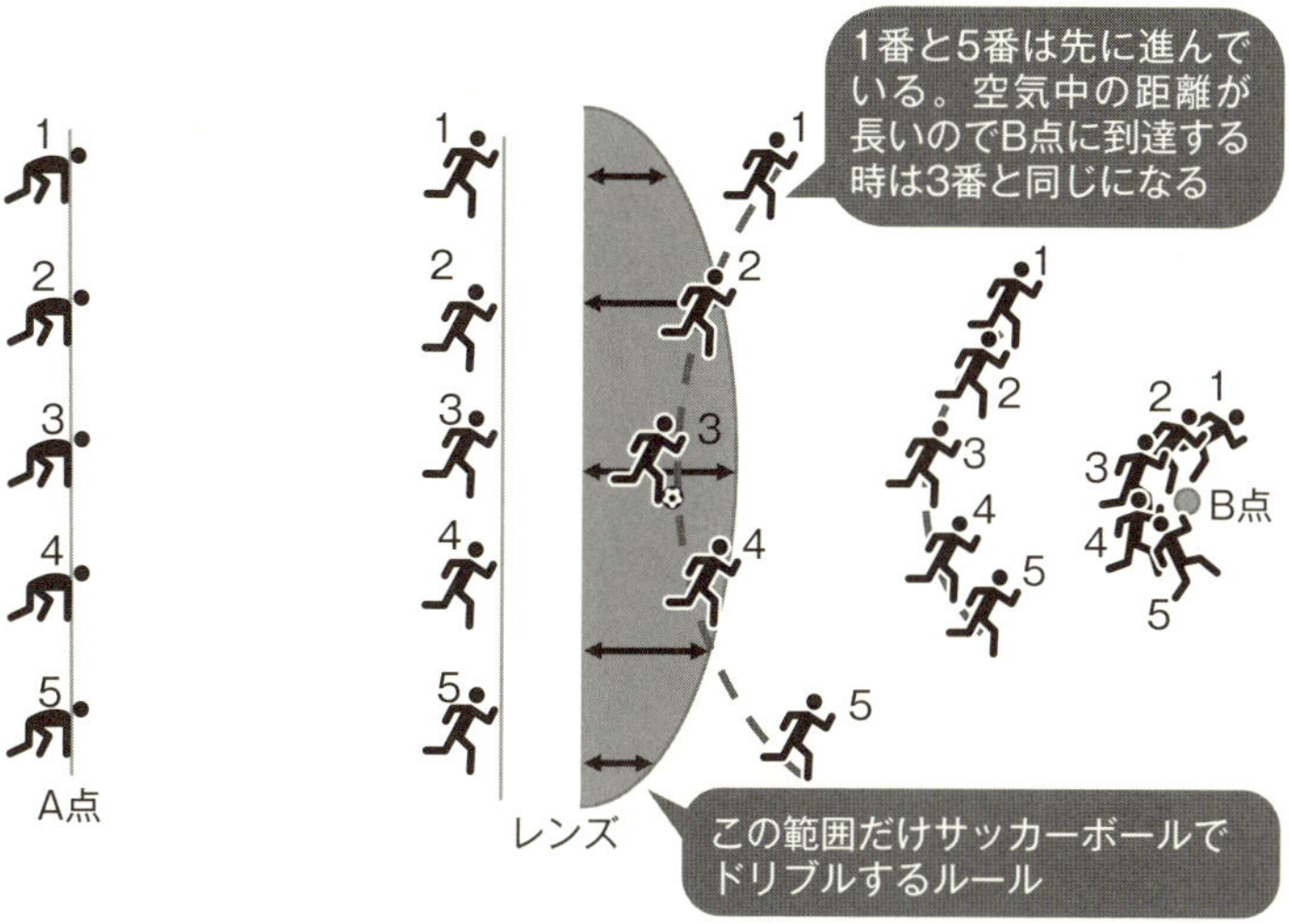

ルール１：決められた区間は遅く走る

屈折の法則（スネルの法則）に従う

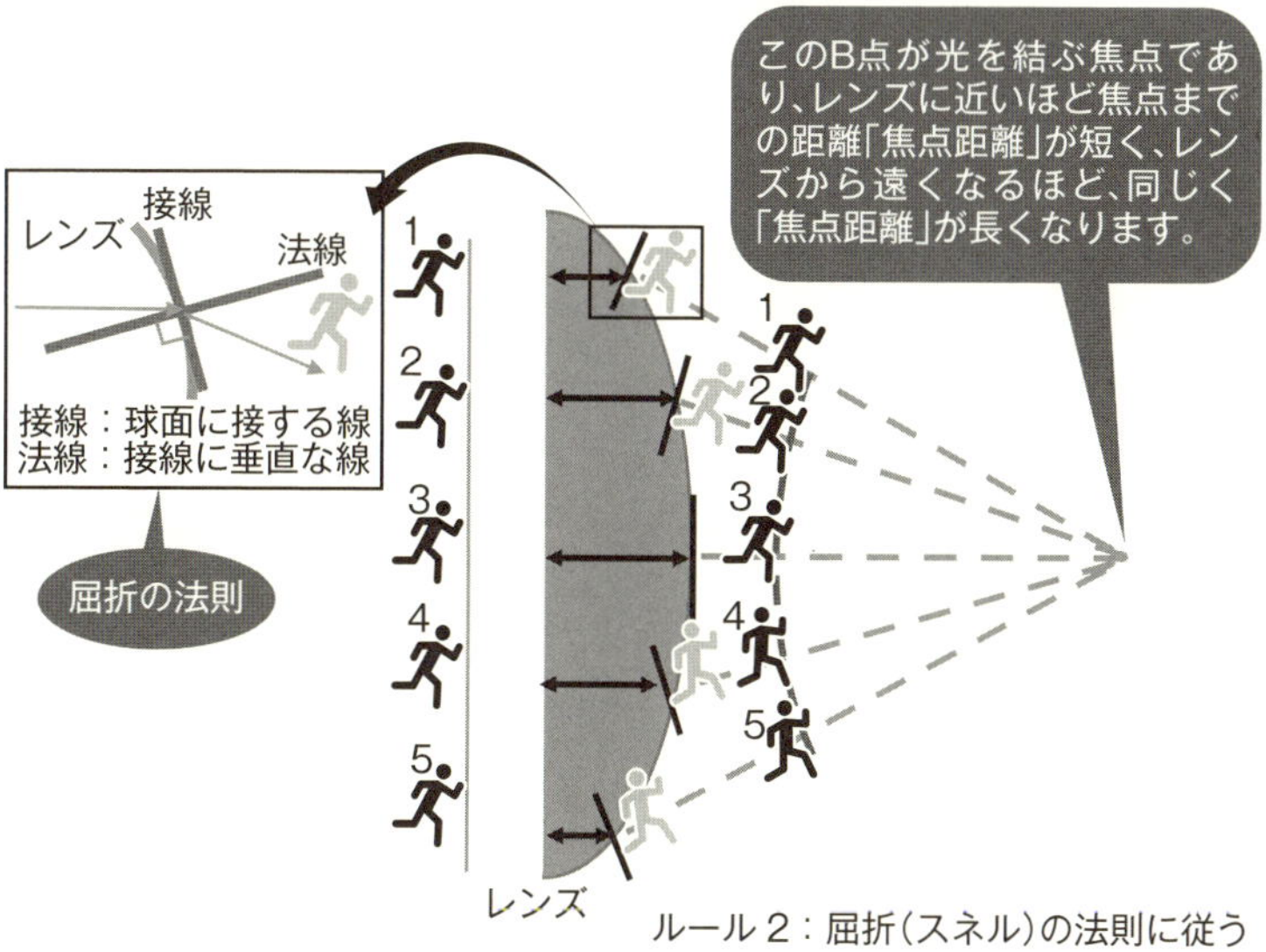

ルール２：屈折（スネル）の法則に従う

4 眼は超高性能カメラだって、知ってる？

人の眼は〝超高性能の機能〟を兼ね備えたカメラによく似ています。ここで、あえて「目」ではなく「眼」と記しているのには意味があります。「目」は単に〝眼球〟を指しているのに対して、「眼」は知覚などを含めた「視機能」を併せた意味もあります。「眼」はレンズである角膜、水晶体はもちろん、光の量をコントロールする虹彩や映像を映す網膜、情報を伝達する神経系、さらには脳内の処理機能が複合的に作用して〝超高性能カメラ〟として機能します。まずは、これらの特性や特徴をカメラの機能と比較しながらみてゆきましょう。

まず、眼についてですが、左から、角膜・虹彩・水晶体と並びます。これらはカメラのレンズ部分に相当します。虹彩についてはカメラレンズ内にある「絞り」と同じ役割をして、眼球中に入る光の量を調整します。水晶体はピントを調節し、遠方から近方まで、カメラのオートフォーカスと似た働きをします。網膜はCCDカメラの素子のように光電変換したり、フィルムであれば光情報を受光して感光する機能と同じになります。脳はデジタルカメラのプロセッサです。眼球である強膜は、カメラだとレンズを支えるボディや筐体といえるでしょう。

眼とカメラとは以下のようないくつかの共通点や違いがあります。光を電気信号に変換し、網膜の明るいものをはっきりと見るための錐体（すいたい）と呼ばれる視細胞があり、その直径は約1・5マイ

眼とカメラの比較

	眼	カメラ	機能
①	角膜	前面のレンズ	第一面のレンズ。レンズの性能を左右する
②	虹彩	絞り	光の量をコントロール
③	水晶体	内面のレンズ	ピント調整オートフォーカス機能
④	網膜	フィルム、CCD 素子	光を画像化する。光電変換素子
⑤	神経系	回路	光情報を電気信号として伝達する
⑥	脳	プロセッサ	画像処理、認識する。見たいものを強調
⑦	強膜	ボディ、筐体	レンズを支える

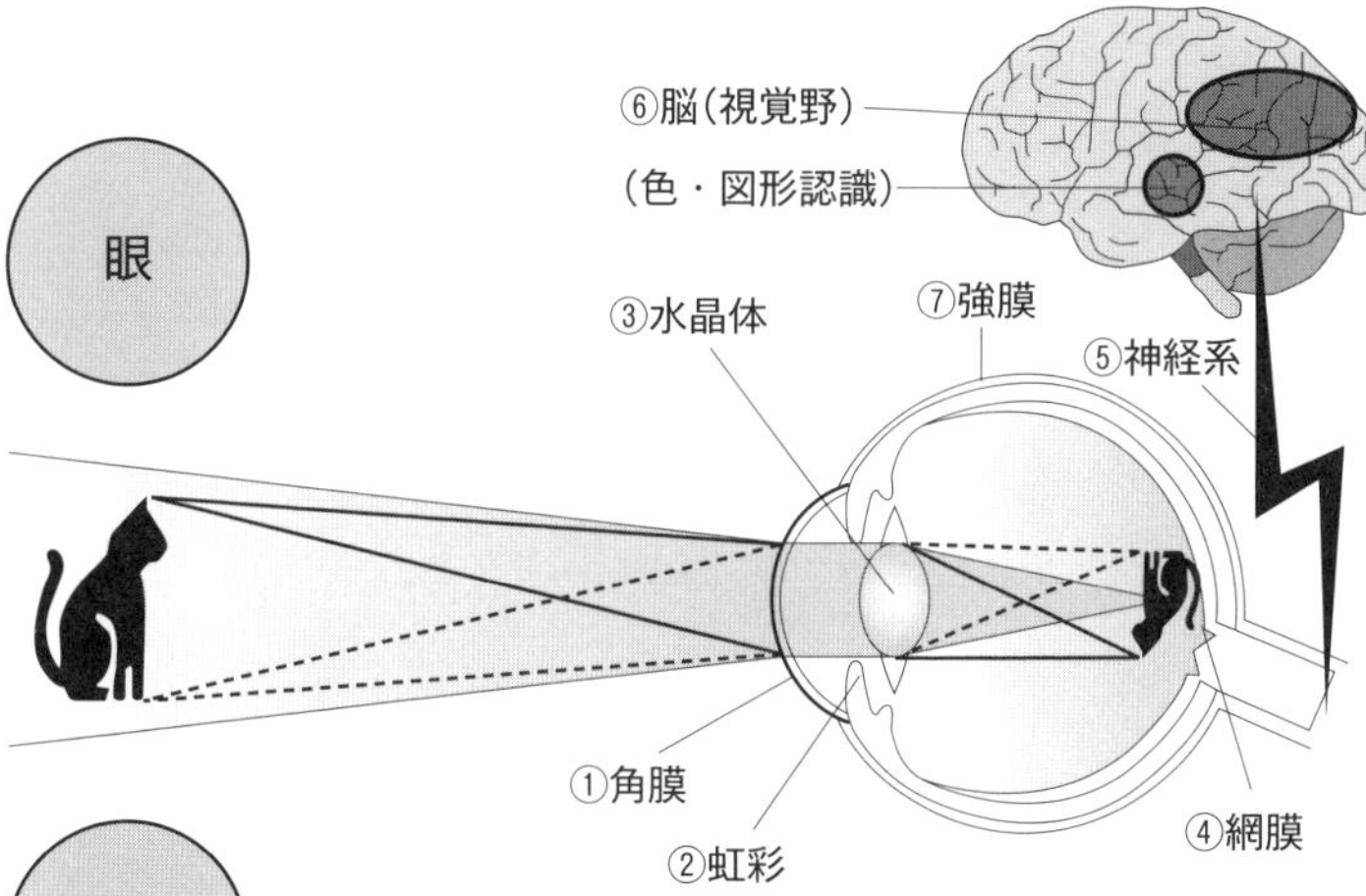

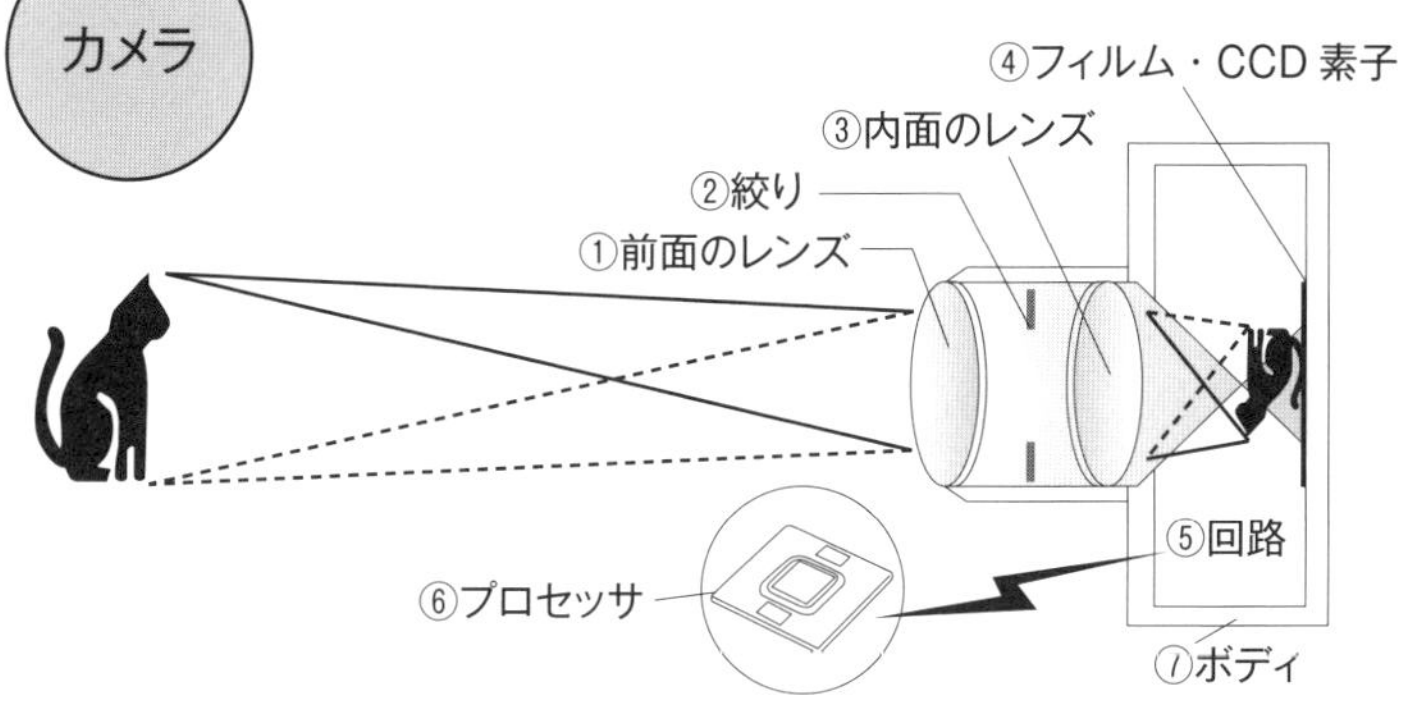

クロメートルの配列で、その間隔は約2・0マイクロメートルです。はっきりと物が見える網膜の範囲（中心窩：ちゅうしんかという）は2～3度程度（1ミリメートル中）ですが、錐体の視細胞の数は約700～800万個（カメラでは画素数）分にもなります。網膜の周辺に向かうにつれ、桿体（かんたい）と呼ばれる暗いところで威力を発揮する高感度の細胞が増え、錐体と桿体合わせて2億個くらいの細胞があります。その両方の細胞は真っ暗闇から太陽光に照りかえされる非常に眩しい環境までに渡り、広範囲の環境状態に対応し、昼と夜とでは600倍程度の感度差が発生してもそれぞれの場面で物体識別が可能です。さらに、明るいところから暗いところまで同時に見ることができる「ダイナミックレンジ」の広い優れた光学システムなのです。

そのほかの特徴として、眼は左右で合計2つのレンズを持ち、右目と左目の微妙に異なった画像のズレである「視差」という知覚の違いから奥行き情報を捉えています。また、静止画をパラパラ漫画のように動かしたときに、動画として知覚するのは、1秒間に30コマ送りの静止画の切り替えが必要となります。テレビ映像は本来静止画で、以前のアナログテレビ放送の性能は毎秒30フレームでした。現在ではハイビジョンなどに置き換わり、滑らかな画像の再現には240ヘルツ（1秒間に240回）の映像提示でも人は綺麗だと感じることができるため、時間分解の能力はこれとほぼ同等といえます。

また、人間には見たいものを網膜のよく見える部分で注視し、網膜に映る像から見たい情報のみを脳内で選択することもできるため、不要な情報に邪魔されず対象物を見ることができます。このように、「眼」は現在の技術では真似のできない超高性能カメラの性能も備えていますが、じつはカメラの原型こそが「眼」を模して創られた製品なのです。

5 近視、遠視はカメラの「ピンボケ」――レンズとしての眼について

前項で「眼」は高性能カメラにたとえることができることについて記しました。それではレンズとしての「眼」の性質はどのようなものなのでしょうか。人間の眼球光学系もカメラレンズのように、決まった焦点距離をもつ光学系として表現することができます。眼を角膜や水晶体や硝子体の屈折率やそのレンズの間隔などを数値に置き換え可能です。このモデリング化した眼を「模型眼」と呼びます。模型眼の焦点距離（遠くからの光が焦点を結ぶ距離）の数値は、生体眼の研究データなどを元にモデリングした数値です。

ノーベル生理学賞を受賞した生理学者であるグルストランド（Gullstrand）が提唱した模型眼についてその数値を見てみましょう。この模型眼の数値により、レンズとしての焦点距離に換算した場合、近方視時には約f＝19ミリメートル（70・5Ｄ）程度で、遠方視時は約f＝22・8ミリメートル（58・6Ｄ）くらいのレンズになります。これが、写真カメラの場合で標準のf＝50ミリメートルレンズとフィルムサイズ35ミリメートルの画角を使用したときに、眼で見える世界の視野と近い状態になるのです。個人個人の顔が違うように、現実的には眼にも個人差があり、同じ焦点距離の眼は存在しないといえます。

それでは、「近視」とは、どのような眼の状態なのでしょうか。「近視」には「軸性近視」と「屈折

系近視」がありますが、カメラにたとえた場合、焦点距離（眼軸長）のみが長くなる場合が前者の「軸性近視」です。一方、光を屈折させる角膜や水晶体の屈折力が強くなりすぎ、焦点距離の異常をきたす状態となってしまうのが「屈折系近視」です。いずれもカメラのフィルム部分に相当する網膜に焦点が合うのが近くの場所だけとなってしまう状態です。

さて、カメラのレンズにはそれぞれの被写体を対象とした、様々な焦点距離のレンズが存在します。例えば天体望遠鏡は無限遠方の遥かかなたの星を見ることができますが、数メートル先のテレビを見ようと思っても焦点が合いません。そうです、天体望遠鏡は、人間でいうなら、常に遠く遠方を見ているのと同じ状態になるように設計されているわけです。

また、近くの物を撮影するのに特化したマクロレンズを使って遠い無限遠方の景色を撮影しようとしても、やはり画像がぼけてしまいます。これは、人が近くを見ている目の状態のままで遠くのものを見ることで、「ピンボケ」となってしまうのと同じです。撮像したい（見たい）対象に適切に網膜に焦点が合う眼の状態、つまり、正視眼のみが「ピンボケ」にならない正常状態といえるのです。

左図は、正視・近視・遠視・老視のそれぞれの眼の状態の場合に眼鏡（コンタクトレンズ）の要否を示したものになります。近視・遠視・老視といったような「ピンボケ」状態を解消させるために必要な眼鏡・コンタクトレンズの〝度数（ディオプター）〟は、その人の眼の状態（焦点距離）によってそれぞれ異なるのです。〝度数（ディオプター）〟についての詳細は次の項に記します。ただし、老視は水晶体が調節力を失うことによりピント調節をする能力が低下することです。これについても別の項で詳しく説明します。

グルストランドの模型眼

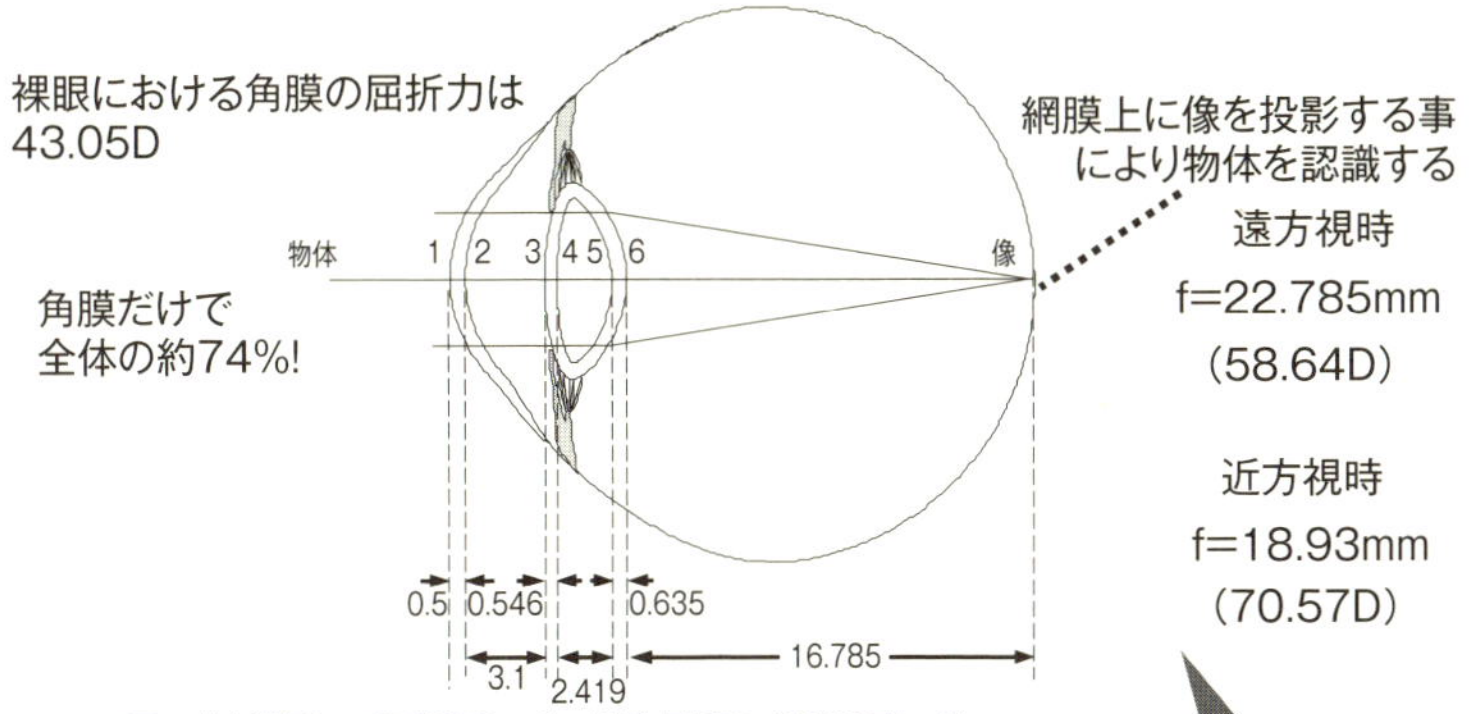

面	曲率半径[mm]	面間隔[mm]	媒質	屈折率（546.07[nm]）
物体		(∞)	空気	1.0
1	7.7	0.5	角膜	1.376
2	6.8	3.1	前房水	1.336
3	10	0.546	水晶体	1.386
4	7.911	2.419	等質核	1.406
5	-5.76	0.635	水晶体	1.386
6	-6.0	16.785	硝子体	1.336
像				

目の状態とピントが合う範囲

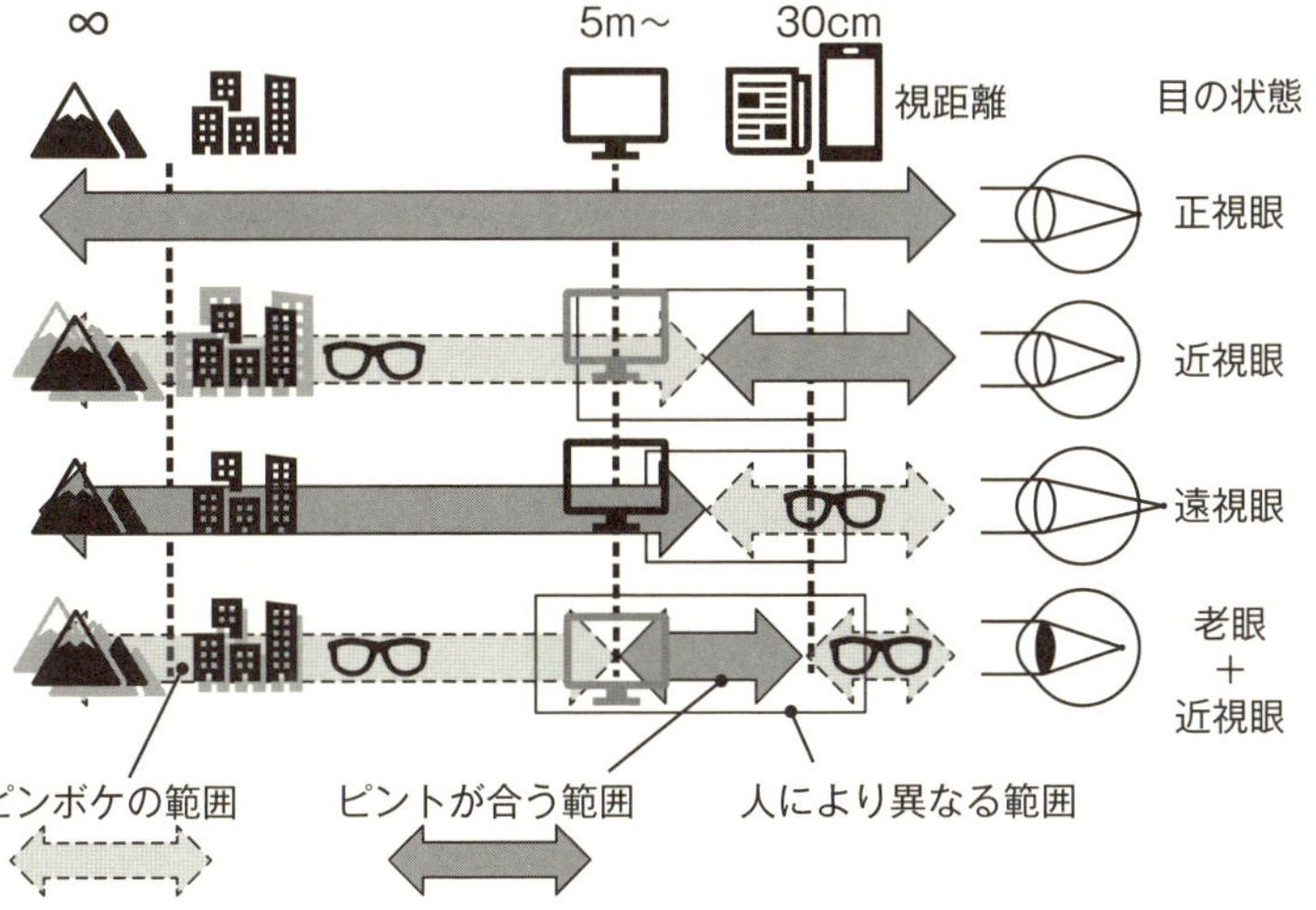

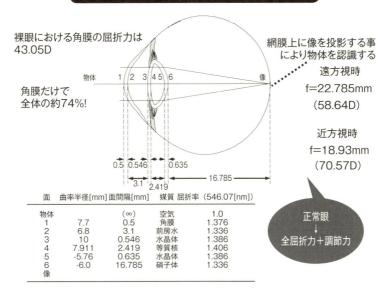

6 眼の「ピンボケ」を補正するのがコンタクト・眼鏡

近視・遠視・老視がいわゆるカメラの「ピンボケ」状態であるならば、それを適切な状態、つまり網膜に焦点をしっかりと合わせてあげれば良いことになります。眼鏡・コンタクトレンズによる補正により、適切な焦点距離を与え、総合的に「ピンボケ」を解消するのです。前項で人間の眼のモデルを数値化したグルストランドの模型眼を示しました。この場合、近方視時には約f＝19ミリメートル程度で、遠方視時は約f＝22・8ミリメートルが、遠くも近くも見ることのできる焦点距離の指標でした。焦点距離は図に示すように、レンズの「主点」と呼ばれる位置から、遠くにあるものが結像する点である「焦点」までの距離です。視力を補正する場合、焦点距離を逆数である屈折力の〝度数（ディオプター）〟に変換します。これは数字が大きくなると、直観的に強く矯正する必要があると認識しやすくできるからなのです。この数値が大きくなればなるほど補正する度合いが強くなり、一般的に「目が良い」や「目が悪い」と表現します。また数値が大きい場合は〝ハイパワー〟、小さい場合〝ローパワー〟と呼びます。単に〝度数〟と呼び、それを略して「度が強い」「度が弱い」と表現することも常用されています。いずれも眼の悪い状態を数値化した一般的な表現方法になります。

虫眼鏡などでお馴染みですが、光は収束して結像する場合〝プラスレンズ〟となります。逆に焦点を

焦点距離

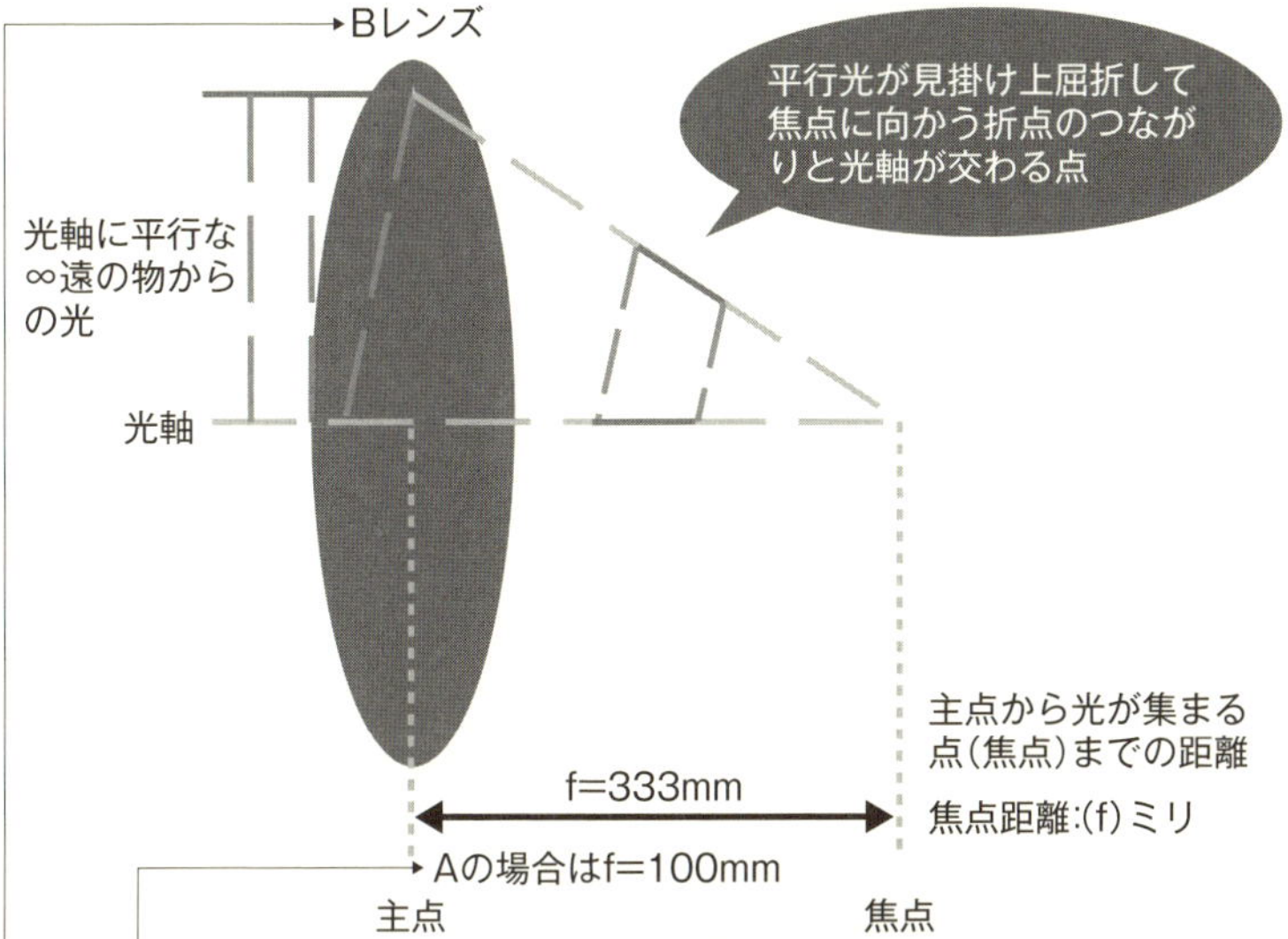

主点：幾何光学において焦点距離の基準となる位置

焦点距離と屈折力の関係

ディオプター　1メートルを焦点距離fで割った値（単位）

D=1000（mm）/ f （mm）

ハイパワー

Aレンズ
D ＝1000 (mm) / 100 (mm) ＝10

Bレンズ
D ＝1000 (mm) / 333 (mm) ＝3

屈折力（度数）

Cレンズ
D ＝1000 (mm) / 1000 (mm) ＝1

ローパワー

ディオプター（ディオプトリー（独：Dioptrie、英：diopter））
※コンタクトレンズではP（パワー）と呼ぶ事が多い

ディオプトリー（Dioptrie）の語源はギリシャ語のdia（通過する）＋ opteuo（見る）です。

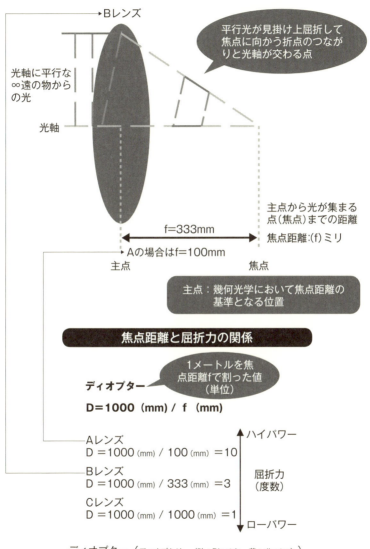

プラスレンズとマイナスレンズ

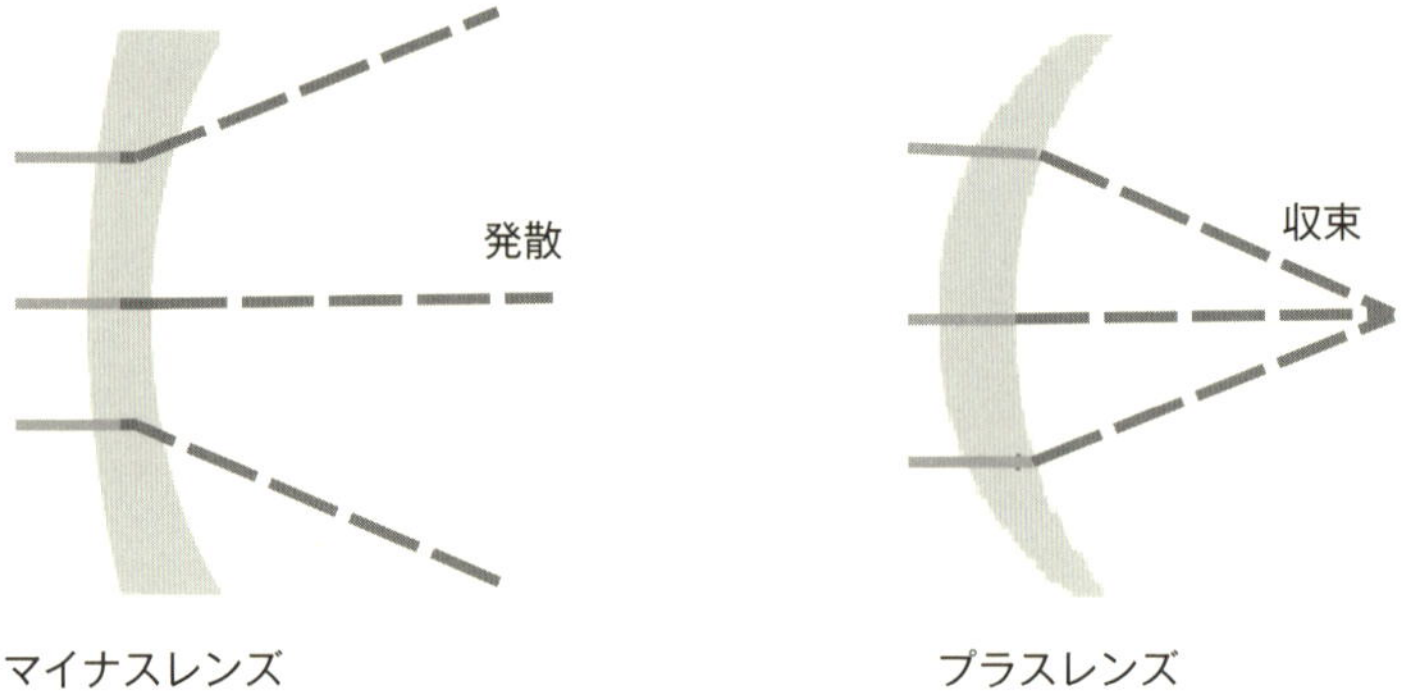

結ばず、光が発散する場合は〝マイナスレンズ〟となります。この場合、集光時とは逆方向（光が入ってくる方向）に焦点が存在することとなり焦点距離をマイナス（－）で表記することとなります。

図に示す通り、近視の場合は、遠く遠方の像が網膜よりも前側に焦点が合ってしまう状態です。そこで、光を発散させるマイナスレンズを目の全面に置く（装用する）ことで、網膜の位置に焦点が合うように補正します。逆に遠視の場合は、遠く遠方の像が網膜よりも後方に焦点を結ぶ状態ですので、光を集光させるためにプラスレンズを使用して、網膜上に焦点を結ぶように適切な焦点距離（度数）のレンズを選択します。

眼鏡やコンタクトレンズは眼の状態によって、光線が広がり過ぎたり、収束しすぎたりする特徴を掴み、操ることで、この焦点距離である〝度数（ディオプター）〟をコントロールする技術なのです。

マイナスレンズ

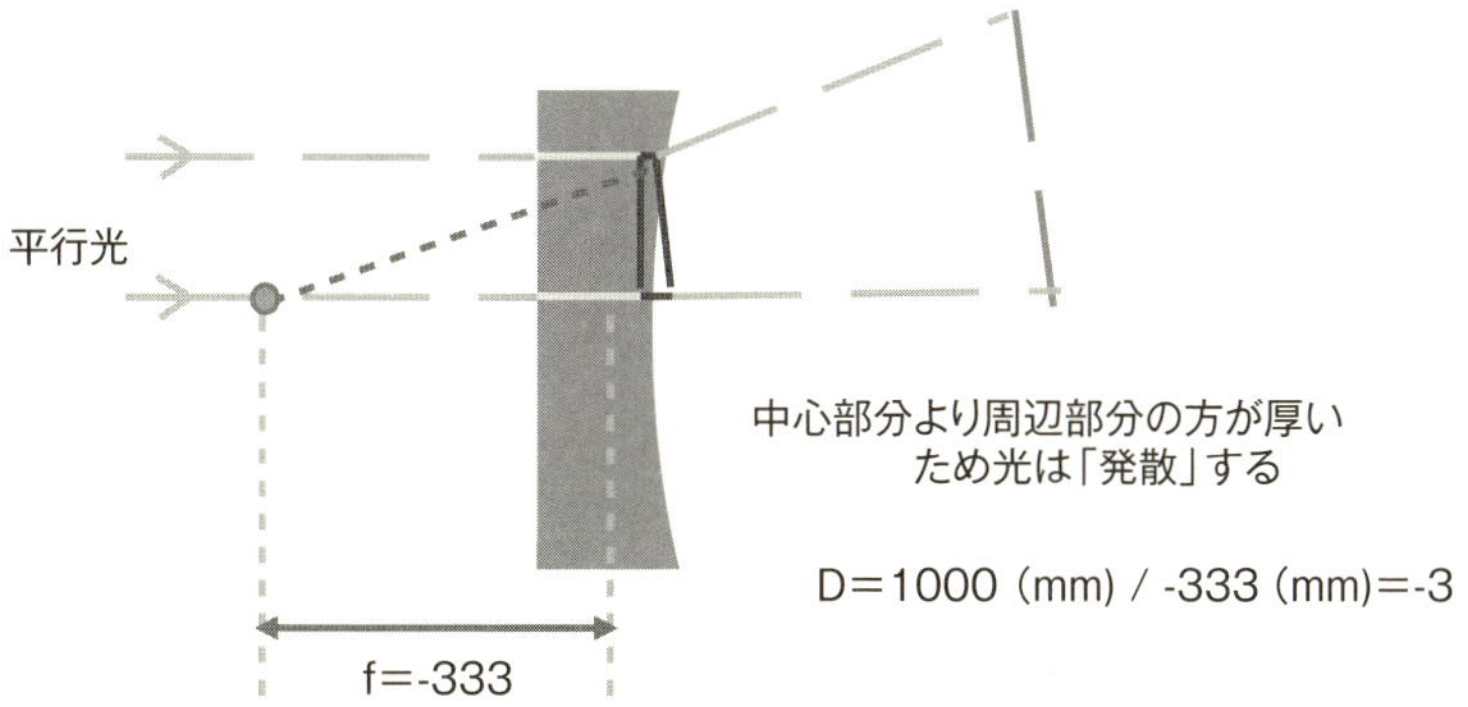

近視の状態

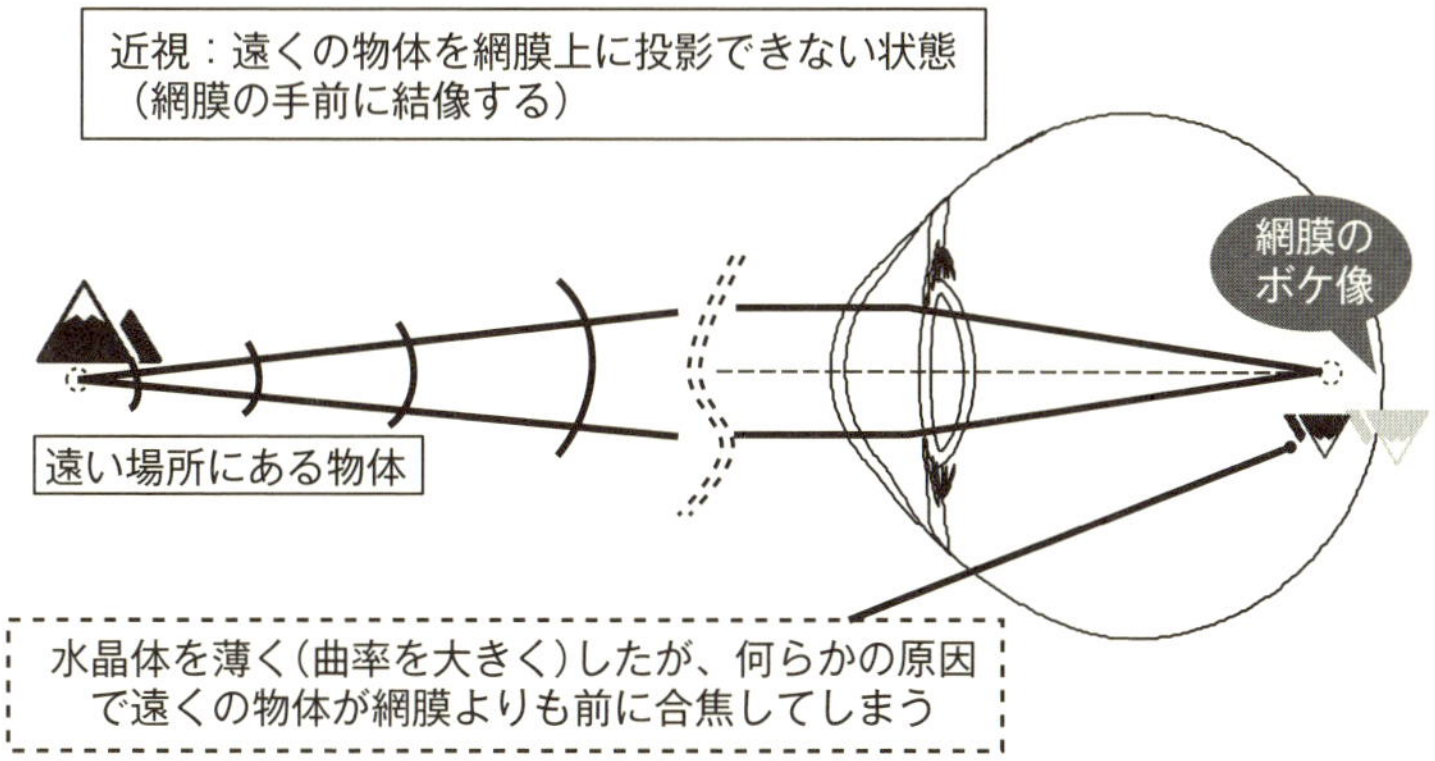

7 乱視と老視の「ピンボケ」はどんな状態？

一言で「目が悪い」といっても、近視や遠視を含めてその他にも様々な目の状態があります。これらはカメラにたとえると「ピンボケ状態」であること（前項でも記しました。乱視や老視（あるいは老眼）といった言葉を耳にしますが、乱視や老視についても、この「ピンボケ」を適切なレンズを使って解消することが「視力補正」なのです。これらはどのような目の状態なのか見てみましょう。

「乱視」は角膜の前面と後面、水晶体の前面と後面に現れ、そして網膜にも発生する場合があります。通常、「乱視」と言えば「全乱視」を指します。それらを分解すると、「全乱視＝角膜乱視＋その他の残余乱視（水晶体乱視など）」となります。さらに角膜で発生する乱視を分解すると、「正乱視」と「不正乱視」に分けられます。眼鏡レンズや一部のソフトコンタクトレンズで補正されるものを「正乱視」といいます。角膜表面で発生し、眼鏡では補正しきれず、ハードコンタクトレンズで補正できるものを「不正乱視」といいます。「不正乱視」は角膜が凸凹している状態ですので、ソフトコンタクトレンズですと、角膜の形状にレンズが倣ってしまい、角膜と同じ形状を維持してしまいます。その結果、角膜の乱視成分が残ったままとなってしまいます。ハードコンタクトレンズを使用すると角膜間の涙液が緩衝材の役割を果たすことで凸凹形状の隙間が埋まり、不正乱視が矯正されるのです。不正乱視の見

全乱視

全乱視＝角膜乱視＋その他の乱視（水晶体乱視など）

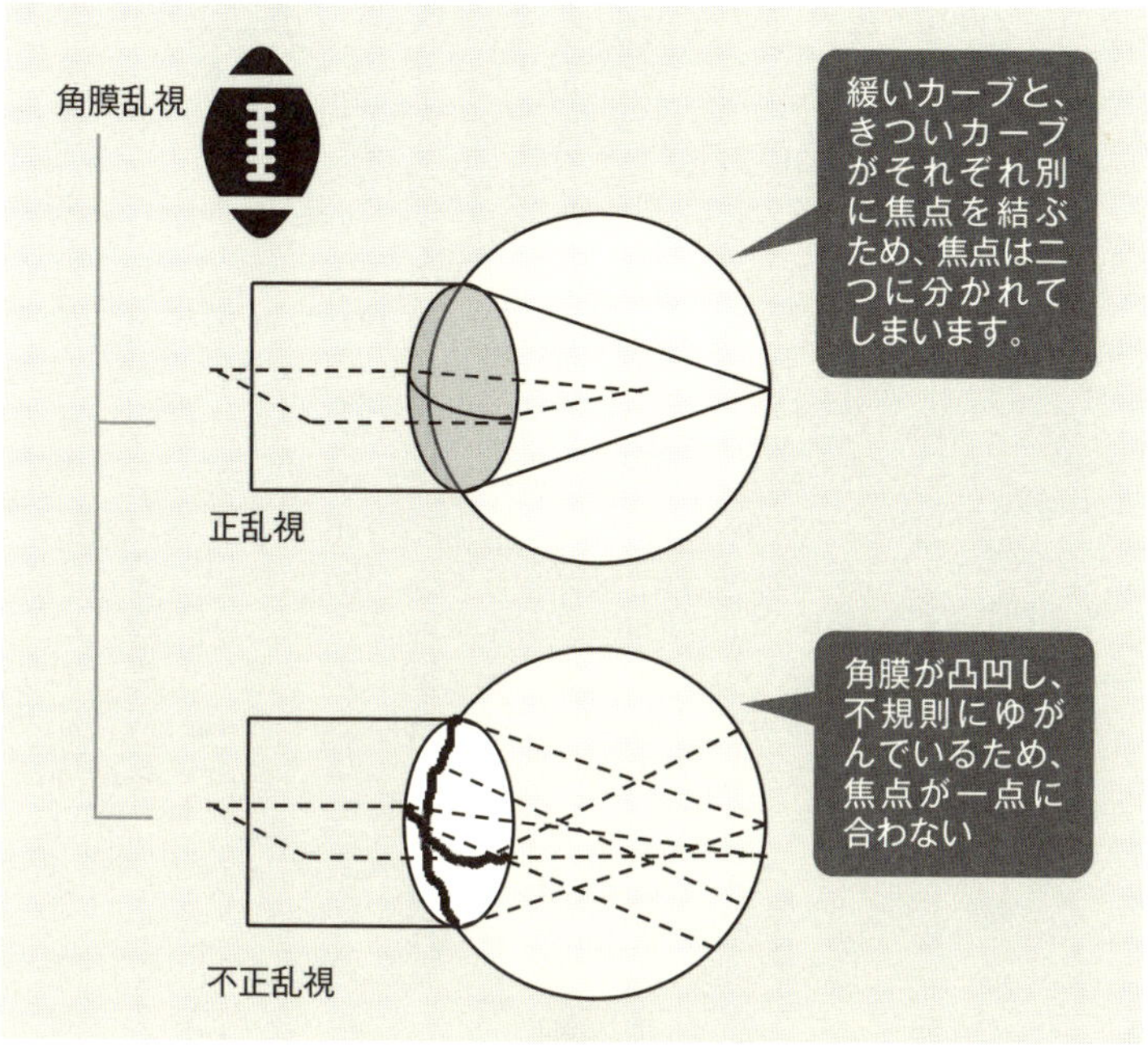

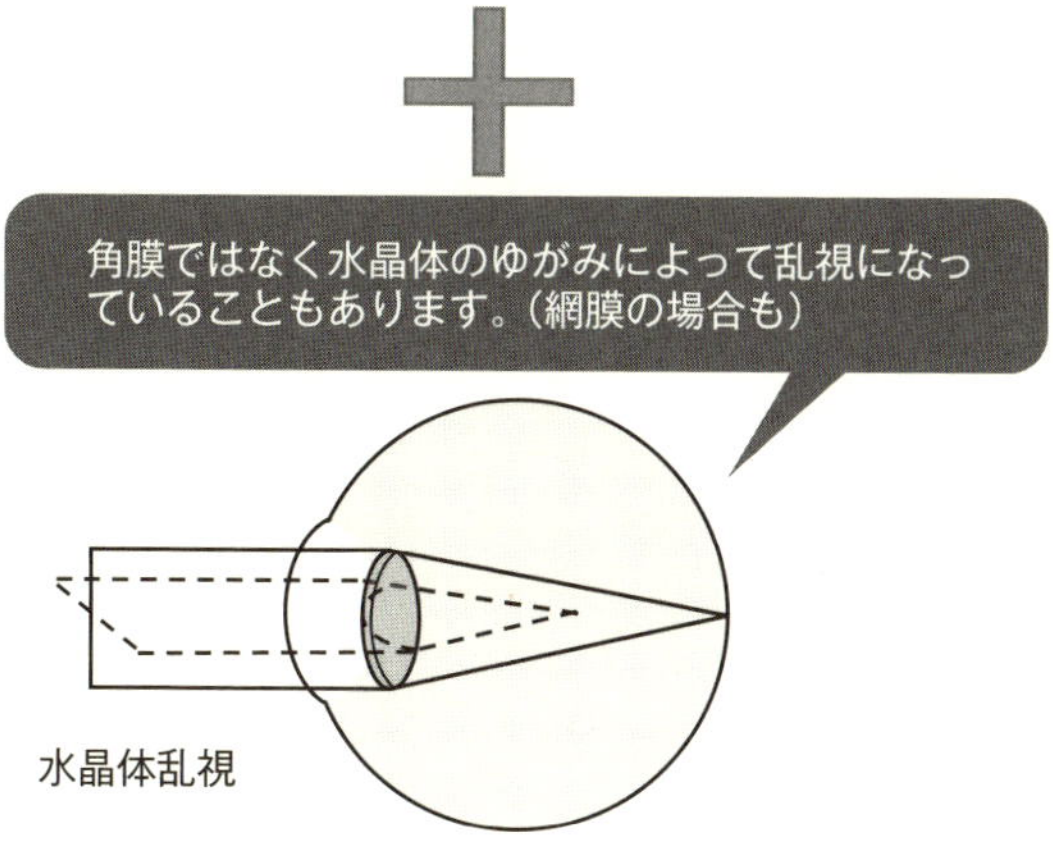

全乱視から角膜乱視を引けばその他の乱視

え方をたとえると、ちょうど車のフロントガラスに雨粒がついている状態に似ています。ワイパーで粒（凹凸）を取り去らないと遠くからの光が複雑に屈折し、前方が見えにくくなることを実体験からご存知のことと思います。

「正乱視」は角膜だけに緩い水平方向のカーブと、きつい垂直のカーブが生じそれぞれ別に焦点を結ぶため、焦点は二つに分かれてしまうような場合です。角膜はラグビーボールやレモンのような形状をしているのです。この乱視には「軸方向」があります。

縦方向は「直乱視」、横方向は「倒乱視」、斜めの場合は「斜乱視」と呼ばれています。この軸方向の屈折力（曲率）を調べて、その軸に合わせた眼鏡レンズやコンタクトレンズを装用し、乱視成分を補正することで、ぼやけて見えたり光がにじんで見えることが解消されるのです。

一方、「老視」は水晶体の形状を変化させる力、つまり調節力が衰え、近くの物を見る際にピントが合わなくなった状態です。年齢を重ねるごとに、この水晶体の調節力は衰え、近くの物が見えにくくなってきます。そのため、失った調節力を補助して、近くを見えやすくするためのツールが遠近両用眼鏡やコンタクトレンズです。

なお、近視の人の場合、老眼になりにくいと言われますが、もともと近くにピントが合いやすい目の状態なのです。そのため、補正した状態の眼鏡やコンタクトをはずせば、水晶体で近くの物にピント合わせをしなくても、自然と近くにピントが合いやすい状態なのです。

それゆえに、老視になってピント合わせをするための調節力が弱くなったとしても、眼鏡をはずせば近くはよく見えるため、老眼鏡などが要らない眼の状態となるのです。

乱視の網膜像シミュレーション

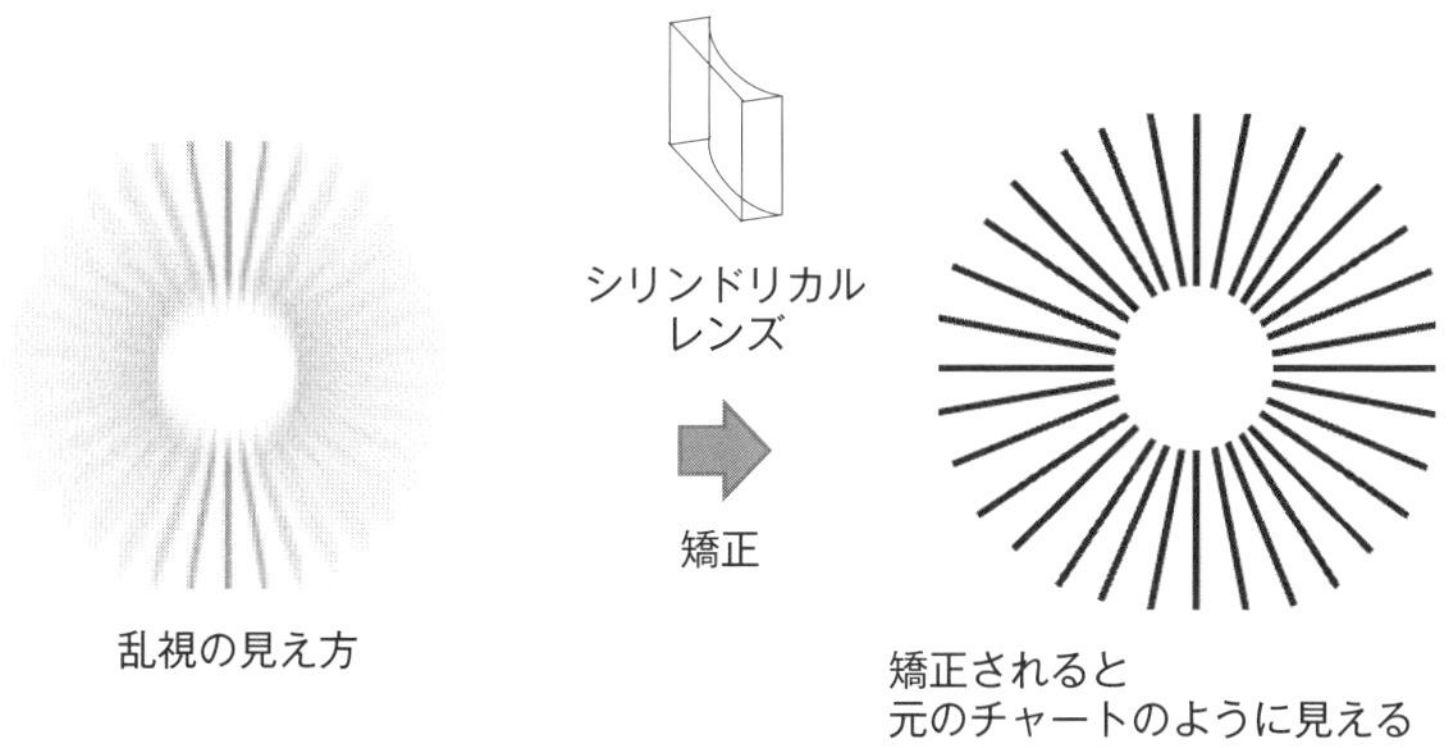

シミュレーション画像提供：千葉大学　大沼研究室

老視補正

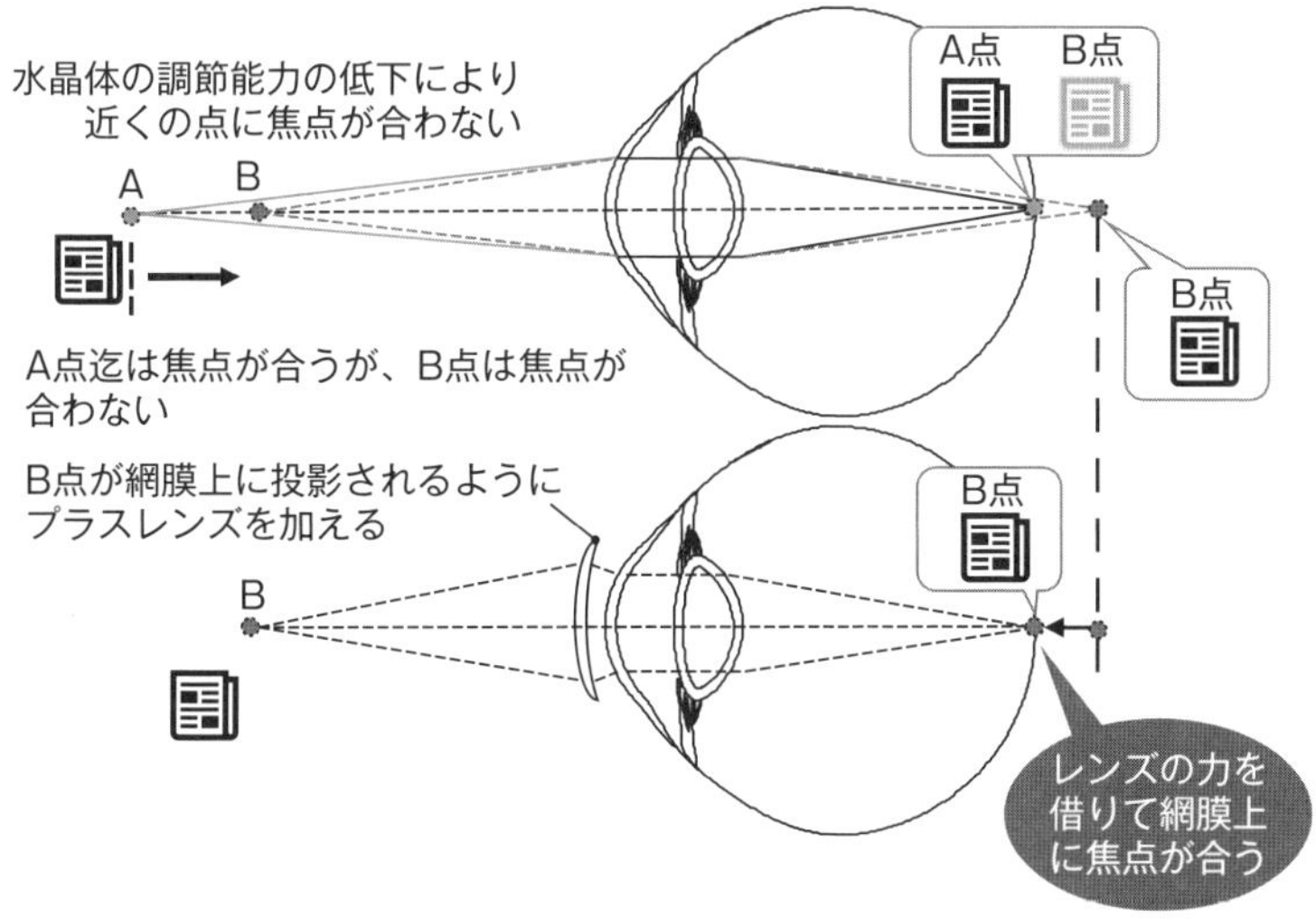

8 眼がいい？ わるい？ その度合をどう数値化するのか

「ピンボケ」状態を数値化する方法を見てゆきましょう。

ごく一般的な眼の見え方や、身近な自動車などの運転免許取得に必要な条件に、〝視力検査〟があります。これは、一定の見え方の基準をクリアしていないと、人命にかかわるような運転操作ミスを生じさせたり、あるいは標識認知など、自動車を安全に運転する能力が備わっていないと判断するためです。自己申告で「眼がいいです」といっても自動車免許が取得できないことは誰でも知っている事実です。

では、眼がいい？わるい？という表現を定量的に数値で表すにはどうしたらいいのでしょう。自動車免許の条件などと関係ない場合は、最終的には「本人自身がものの見え方に満足すること」にたどり着きますが、自覚的・他覚的ないくつかの検査方法があります。

まず、視力検査といえば、これしかないというほど有名な〝ランドルト環〟「C」による検査があります。これは規定の5メートルという距離で、規定の輪の切れ目である1分（1度の60分の1の角度）を弁別できる能力が視力表で、「視力1・0」となります。輪の大きさは高さ7・5ミリメートル、文字の太さ1・5ミリメートルの文字で切れ目部分の幅は1・5ミリメートルとなるのです。切れ目を識別できるかどうかだけの検査ですので、極めて単純な

ランドルト環による視力 1.0 と視力測定

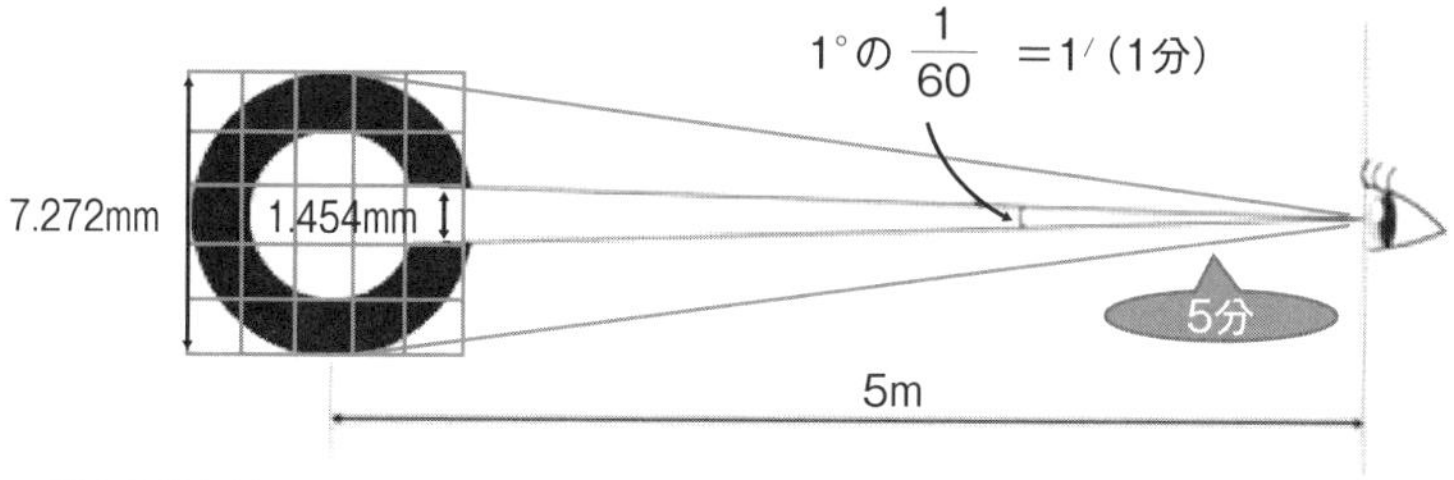

視力1.0とは

「文字や形を視標として用いて各部の太さや間隔を視角 1 分、その全体を視角 5 分としたとき、正常な眼は円環の切れ目を見分けることができる」という「5 分 1 分角の原理（5 分の 1 を見分ける原理）」を用いたのが " ランドルト環 " である。
測定時は視標より 5m 離れ、基準となるランドルト環の切れ目である 1 分（1 度の 60 分の 1 の角度）が分解できる視力を 1.0 とした。

視力	直径(mm)	切れ目(mm)
0.1	75	15
0.3	25	5
0.5	15	3
1.0	7.5	1.5
1.2	6.25	1.25

評価方法です。眼鏡やコンタクトを装着した後には、適切に補正されたか確認するために、再度、この「C」の切れ端を確認します。普通自動車の運転免許取得の条件としては、両眼視力で0・7、片眼で0・3以上となっています。運転免許では事故を起こしたときのリスクの大きさや責任の重さなどを考慮し、大型車両や、人を乗せて営業するような第二種運転免許については、基準となる視力値が高くなっており、奥行き知覚の検査も加わっています。遠くのものがよく見え、さらに立体認識能力も高い必要があるからです。一般的に物が良く見えて、満足が得られる表現である「眼がいい」というのは視力1・0以上とされます。処方の際は「ピンボケ」状態から徐々にレンズの度数を追加してゆき、この視力検査をおこないます。

　つぎに、乱視を評価するためにはどのような方法があるのでしょうか？　前項でも記したとおり乱視には色々な種類がありますが、近視性の単性乱視（前の焦点が網膜の手前で、後ろ焦点が網膜上に結ぶ）の場合の確認には放射線テストチャートを表示し、どちらの方向の放射線が濃く見えるかで乱視軸の方向を確認します。これを元に乱視軸を決定するのです。この放射線の濃い部分がなくなり、全体の放射線が均等になる方向に円柱レンズの度数を追加して乱視を補正します。

また、RED-GREENテストは赤と緑の2つの指標を用いてどちらがはっきり見えるかにより、補正が適正かを確認します。これは色（波長）による屈折度合いに差があることを利用したものです。近視補正において、補正後に緑色がはっきりと見えるときは、眼が遠くを見る状態に合っているため、過矯正（度を入れすぎ）ぎみと判断できます。赤と緑にチャートが均等に見えるレンズの度数を探ることで補正状態を確認できるのです。

他覚的な検査方法としては「オートレフケラトメータ」や「レチノスコープ」などを用います。「オートレフケラトメータ」はあご台に顔をのせ、機械の内部を覗き込むように構成されています。まず初めに絵が現われ、これに眼の焦点を合わせます。この時、ピントが合った状態になっていますが、この絵はすぐにぼやけます。この状態を「雲霧」といいますが、このぼやけた瞬間に水晶体がリラックス状態となり、屈折力を測定するのです。緊張状態ですと、調整機能が働いている場合があるために、正確な検査結果が得られなくなるからです。このときに人が知覚できない赤外光を網膜に当て、反射光の状態から屈折力を計算します。眼底のリング形状（大・小・楕円形状）などから、近視、遠視、乱視などの眼の状態が判ります。

また、「レチノスコープ」は被検眼に円状の光束やスリット状の投射光を入れ、光源を動かしてその

直乱視の見え方と補正方法

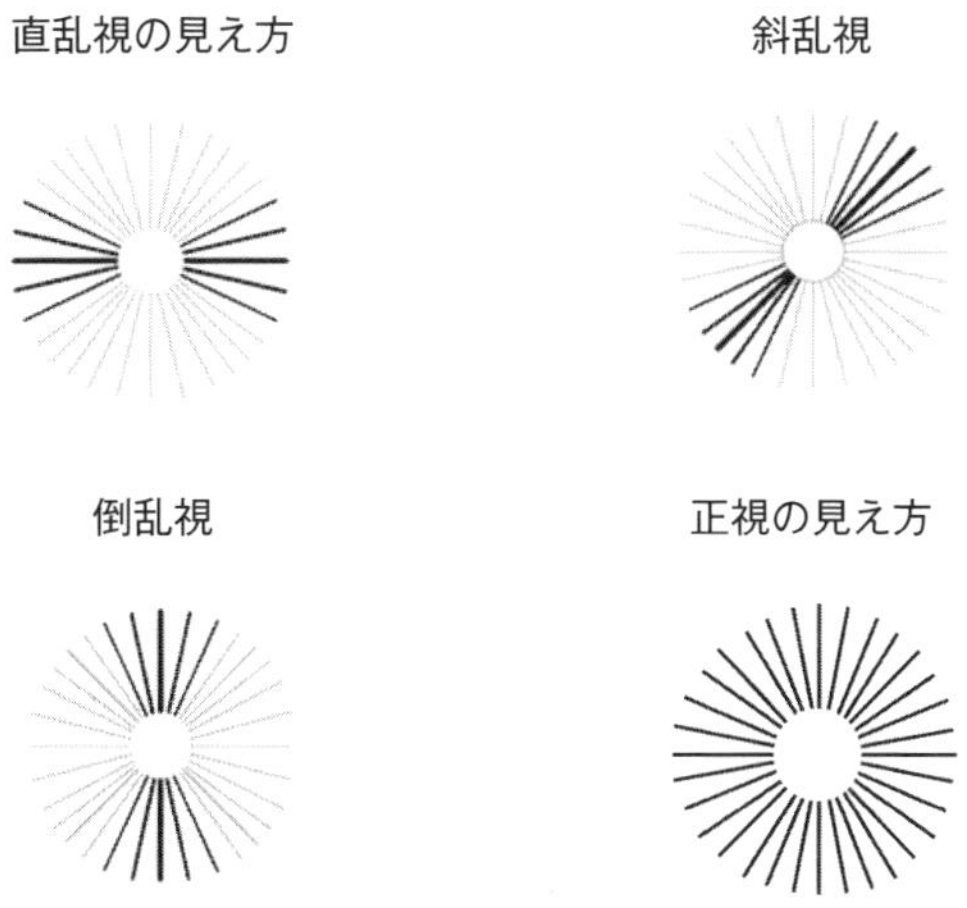

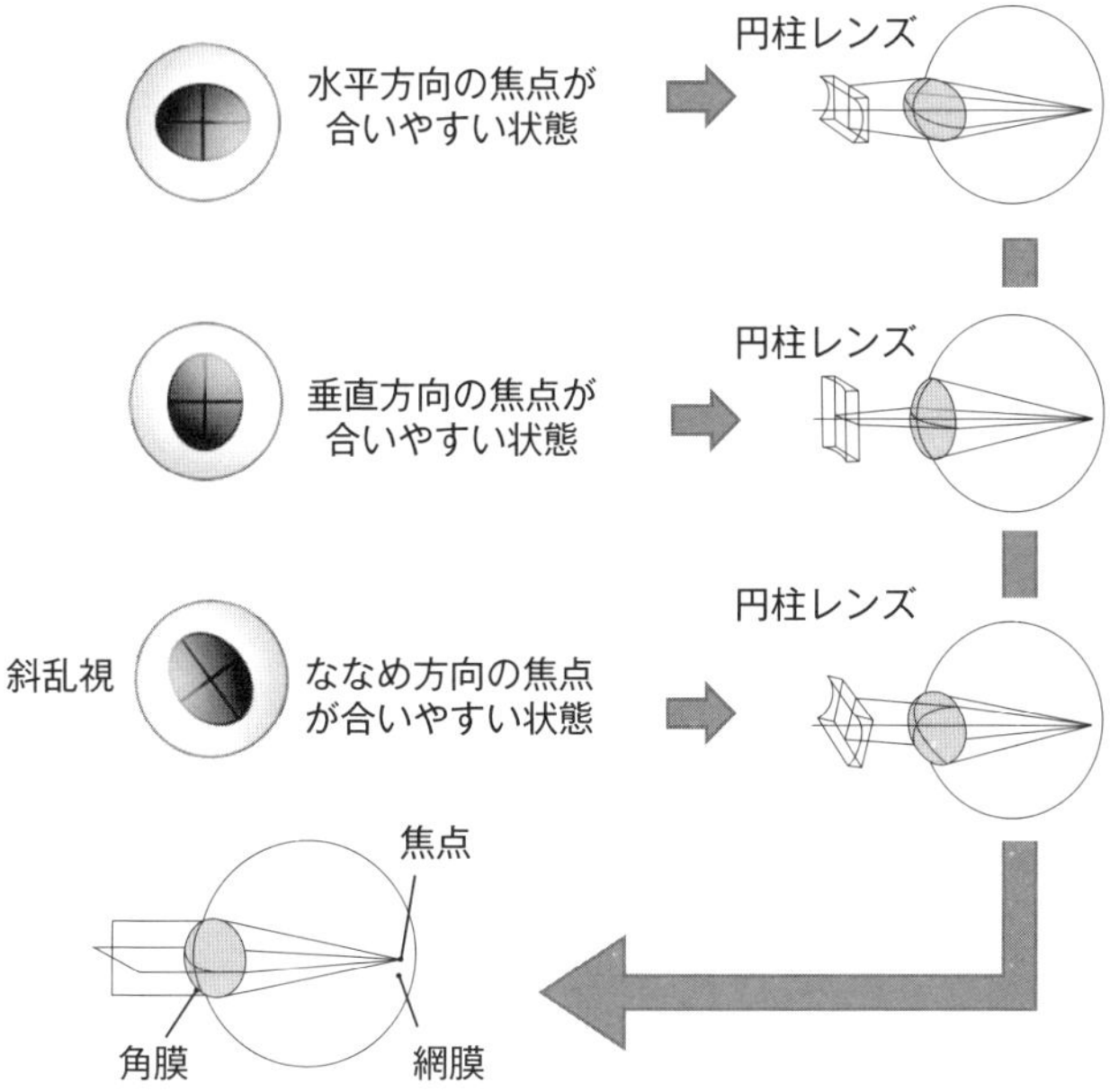

検影法検査

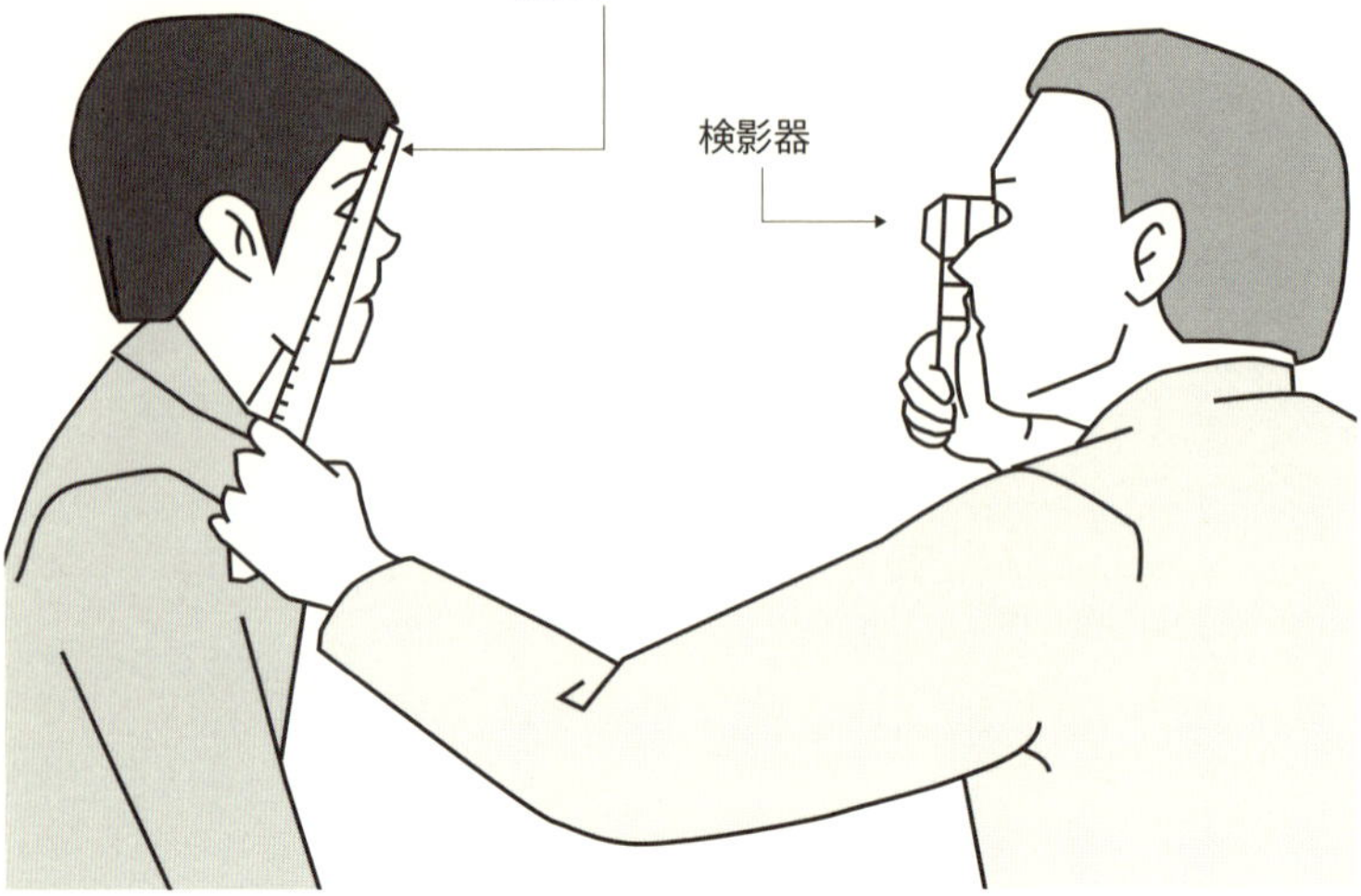
板付きレンズ
検影器

反射光（像）の動きや角度の状態を観察者が確認し、度数を割り出す方法です。古くから眼科医などによって信頼された検査方法となっています。

これらの数値データを元にレンズが処方されますが、ここからさらに自覚的検査、すなわち先に示したランドルト環での評価などをおこなって、最終的には個人の見え方も確認しながら適切な度数のレンズが決定されることとなります。

「眼がいい」というのは視力 1.0 以上のことなんだね。乱視かどうかも確認しないとね。

9 光を操るレンズの形状――眼にとっての最適な形状とは

人の眼にとっての視力補正とは、コンタクトレンズや眼鏡レンズなどによって、〝光を操りながら網膜上に見たいものを確実に結像させる〟ことに他ならないことは何度も記したとおりです。眼にとって最適なレンズ形状は、いくつかの要素から成り立っています。まず、これまで記した通り、レンズが眼の視力補正に適した「形状」、つまり光学部分で「ピンボケ」が解消されていることが最も大切です。A点が、ある人にとっての見たいのも（像）であり、B点の到達点が網膜だとすると、網膜に見たいものの像がレンズのどのルートを通ってもまったく同じ位置である、「焦点」に到達する場合がベストなレンズの形状といえます。これも前項「③光を曲げ、自由自在にコントロールして「見える」ようにする」に記した通りです。しかし、遠い星からの光を見た場合、高性能のレンズでも一つの点に光は集まらないため、ぼけてしまうのです。この遠くの点像が一点に「収束しないズレ（差）」を「収差」と呼びます。

次ページの図はレンズが球面であるために生じる球面収差の詳細図です。ある特定の焦点距離を持つ、2面の球面でできたレンズ形状は無数に存在します。この無数にあるレンズ形状のなかでも、球面収差が最小になるレンズ形状はシミュレーションにより求めることが可能です。

一般的にイメージされる虫眼鏡のような、両面が

球面収差の詳細説明

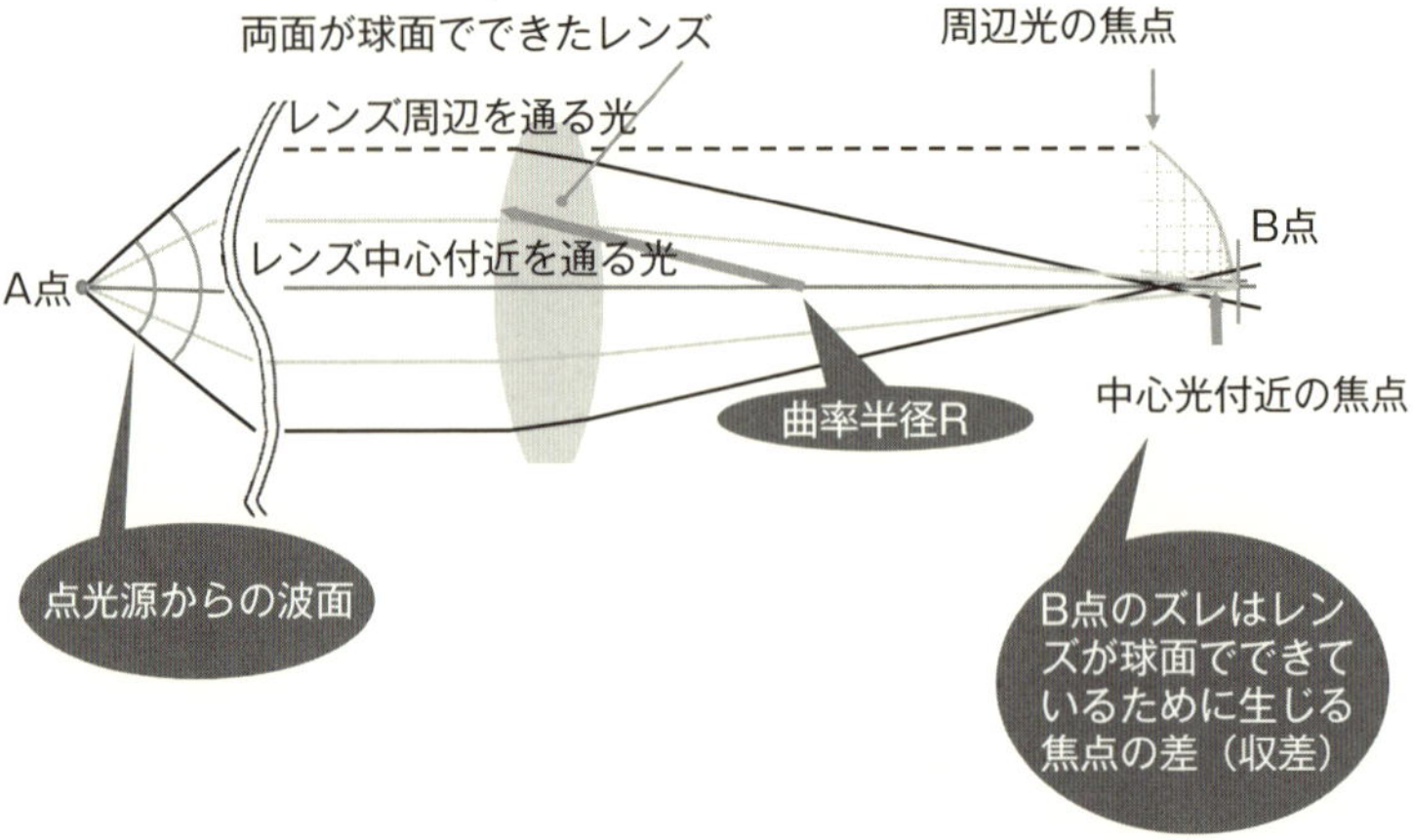

縦の球面収差

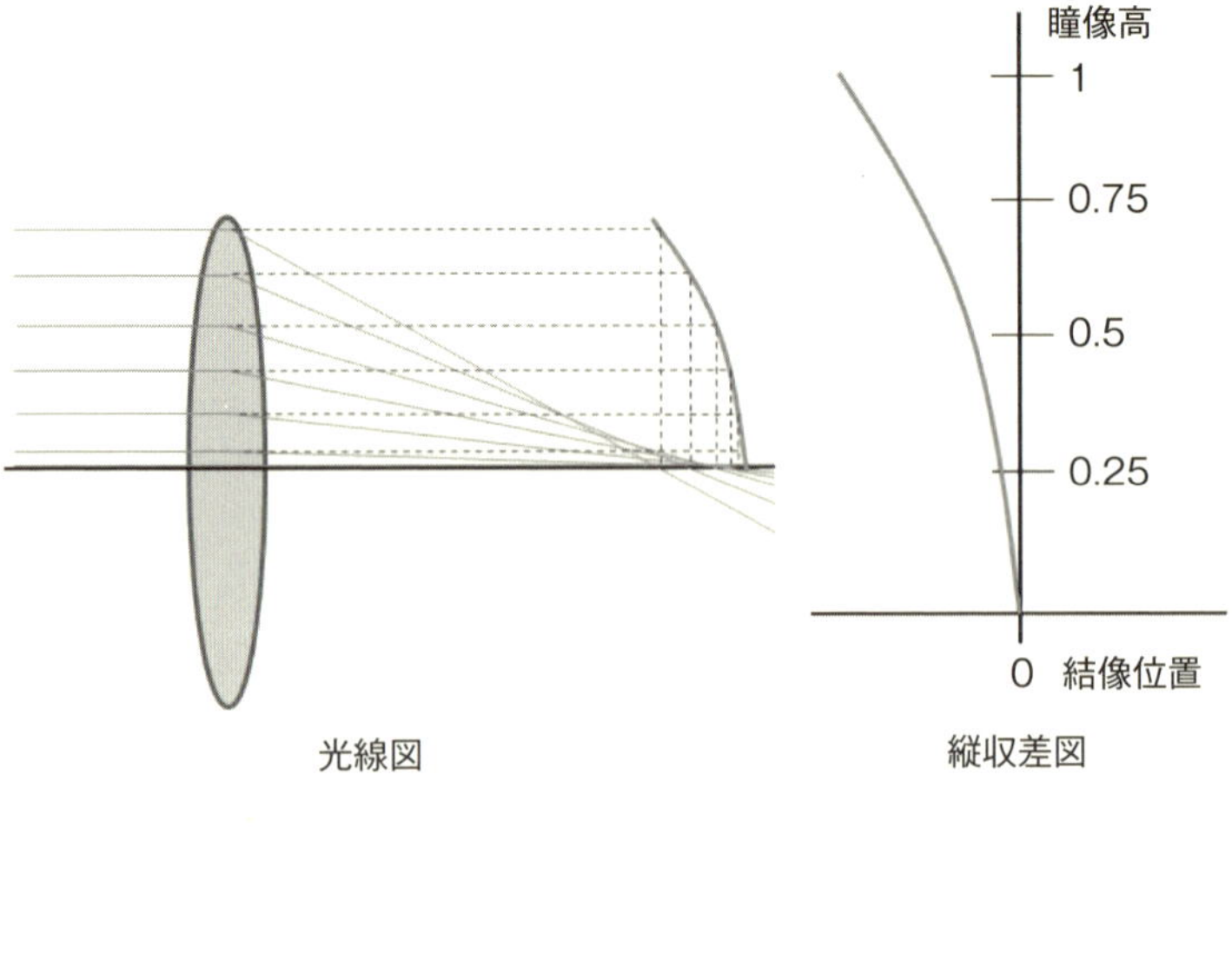

光線図　　縦収差図

球面で構成されたプラスレンズであれば、前面と後面の曲率半径を自由に変えることで最良の光学性能の設計が可能です。しかし、コンタクトレンズの場合、角膜に接する側の球面形状は決定しているため、収差を減らすための光学性能を左右するフロント面のみを適正な形状にします。

この、球面収差を無くすために、複雑な〝面形状〟にデザインすることで、例えば特定の部分のみ収差を減らすことは可能ですが、周辺部など他の部分で完全に収差を取り除くことはできません。コンタクトレンズでも、眼鏡レンズでもこの「収差」を限りなく少なくすることがレンズの光学設計上の最良形状といえます。しかし、千差万別の個人個人の眼に最良な形状かというと、そうではありません。眼鏡の場合は収差の影響がコンタクトレンズよりも大きいです。これを解決するためにはさらに「波面収差」という収差を低減させる必要がありますが、これについては次の項で述べることとします。将来的にはオーダーメイドのような光学設計も可能となりつつあります。

次に、優れた光学デザインが完成しても、装用感が悪いとせっかくの良いコンタクトレンズも異物感などにより使用できないものになってしまいます。コンタクトレンズの場合、眼にとって良いデザインは次ページの図のように、レンズの周辺部分のベベル（Bevel）と呼ばれる部分とエッジのデザインが異物感を与えないように機能するものです。レンズの周辺部でゆるやかなカーブをつくり、コンタクトレンズが瞼に与える刺激を軽減します。

また、ハードコンタクトレンズの場合は、レンズの動きにも影響を与え、角膜とレンズの間の涙液交換をうながします。フロント側のベベルは、瞼への異物感の軽減に影響します。レンズ先端のエッジは角膜や結膜の粘膜を刺激しないように丸みを帯びて

コンタクトレンズのデザイン

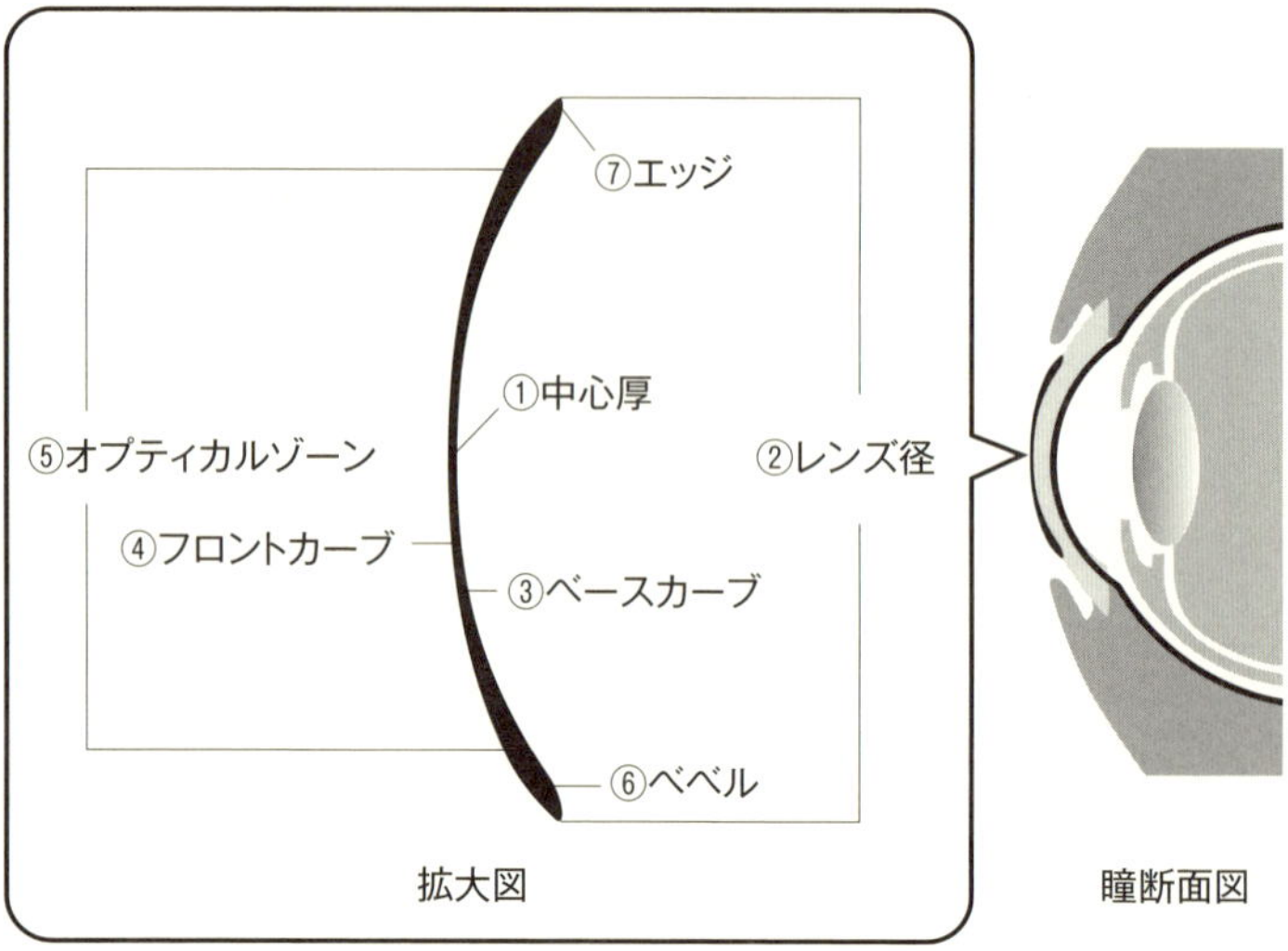

います。まつ毛などが眼に入った時のチクチク感でも経験することがあるように、鋭利なエッジは眼に刺激を与えてしまうため、ハードコンタクトレンズなどでは研磨などを施して角が丸められるのです。

眼鏡の場合は度数の強いレンズの装用状態で2重像や暗点を生じることがあります。フレームのデザインや、レンズの装用位置、個人の度数によって2重像や暗点が発生することもあるのです。フレームが大きすぎたり、あるいは小さすぎても、本来見えるべきものが見えなくなることもあるのです。

眼にとって最もフィットする形状は、光学的には適切に補正され、異物感や違和感がないことです。また、生体に異変を生じさせない、つまり「装用していることを忘れる」ものともいえるでしょう。

コンタクトレンズのエッジデザインについては、コンタクトレンズ承認基準という法律内でも、厳しく規制されています。

10 理想的な視力矯正――仮想の宇宙望遠鏡から生まれた発想

眼鏡やコンタクトレンズを処方する際に、基本的な計測値として使われるのが〝ディオプター〟という単位でした。「⑧眼がいい？　わるい？　その度合をどう数値化するのか」による数値をもとに、視力を矯正することがわかりました。それらの補正のためのレンズには、０・２５Ｄ（ディオプター）という規格で決められた刻み幅があることを説明しました。

ところで、個人の眼の矯正に完全に近い状態で対応するための方法はあるのでしょうか？　この回答としては、遠く離れた宇宙の彼方からの光を地上で正しく捉える方法にヒントがあります。

ハワイの国立天文台に設置されている「すばる望遠鏡」は、宇宙空間に設置されていないのにもかかわらず、大気の揺らぎの影響によって、遠く離れた星から到達する光がぼやけてしまう難点を克服したことで知られています。大気での揺らぎをキャンセルし、星の光を真の姿に戻すことを可能にしたのが補償光学装置です。この装置は、見ようとする対象からの光を、本来あるべき波面に修正して、元の綺麗な像を撮影することができるのです。反射望遠鏡のミラーを細かく分ける手法により、真実の画像として修正可能としたのです。つまり、仮想的に宇宙空間に望遠鏡を設置したのと同じ威力を実現したわけです。

これを眼科領域に転用したものが波面収差を利用

した、眼の光学的特性の測定法です。波面収差は少し難しいですが、「ゼルニケの多項式」という数式に当てはめることができ、その数式により各種収差（理想的な波面からのズレ）を数値表現することができます。波面収差を「ゼルニケの多項式」に分解することで、個別の収差成分として表現することが可能となるのです。どの収差がどれだけズレたかが既知であれば、そのズレ分を元の状態（本来の歪みのない波面）に戻すことが可能となるのです。ゼルニケ（F. Zernike）はノーベル物理学賞を受賞し、光の波面の位相差などを解析した人物です。

　この光学理論に基づき、眼の状態を定量化する装置が存在します。そのため、この装置で測定した数値から、レンズをオーダーメイドすることで完全に個人の眼に合ったレンズを作ることが可能になると考えられます。しかし、人間の眼の波面を少なくする状態（光学系）はピントを合わせる対象距離などで変化します。波面を最適に調整する時間の遅れの計測システムを開発するなどの対応が必要となり、オーダーメイドレンズは少し未来の話になりそうです。

補償光学系の概念図

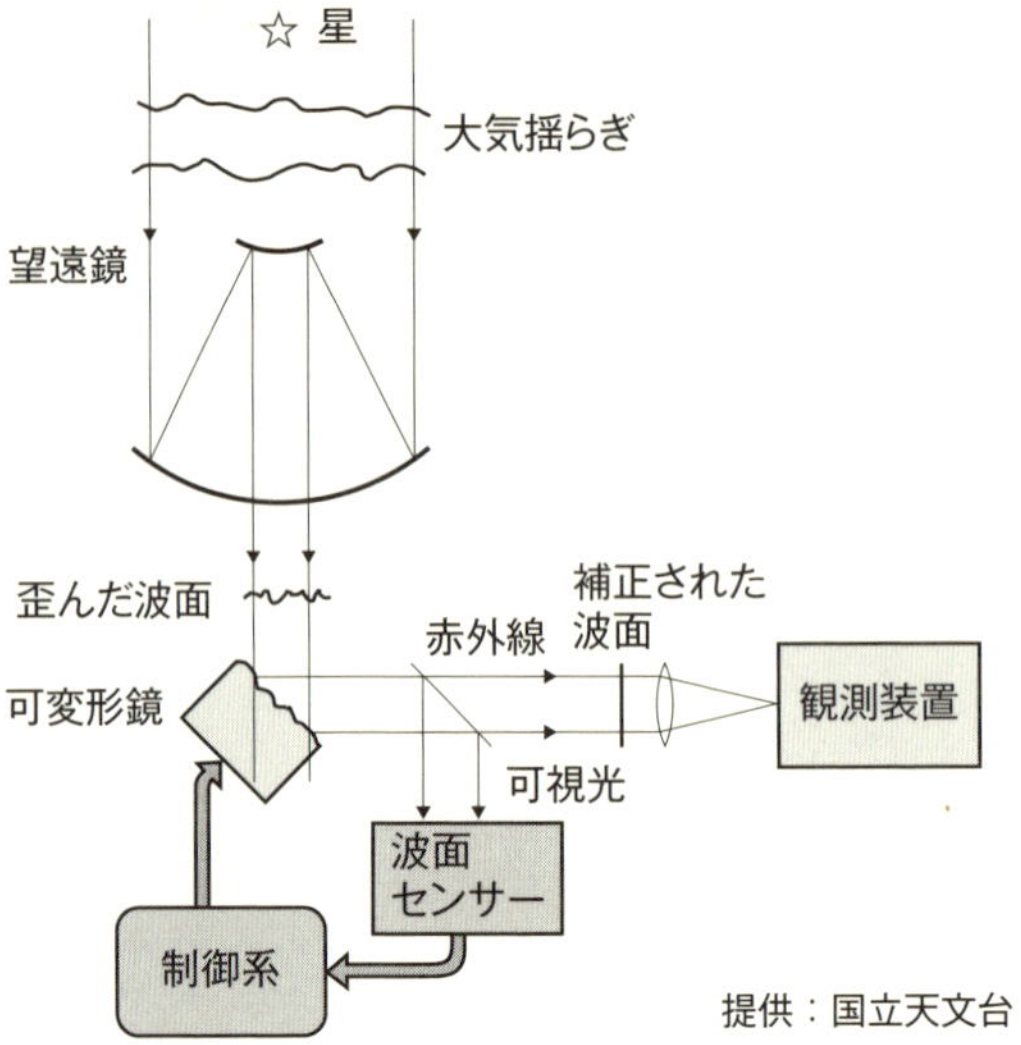

提供：国立天文台

出典：https://www.subarutelescope.org/Information/Image/j_index.html

第2章

今の
コンタクトレンズに
できること!!

11 「黒船来襲」さあ大変——日本のコンタクトも使い捨て市場へ

1981年、アメリカ合衆国ニュージャージー州ニューブランズウィックに本社を置く「ジョンソン・エンド・ジョンソン（英：Johnson & Johnson）」は、日本の国内で初の販売となる使い捨てコンタクトレンズ「アキュビュー®」を発売しました。それまで日本国内のコンタクトレンズは一枚一枚、レンズを加工するレースカット製法と呼ばれる方式で製造されていました。これは回転する旋盤にコンタクトレンズ素材を取り付けて、バイトと呼ばれる刃物を当てることで、コンタクトレンズを削り出す方法です。この時代には、国内のどのメーカーも今日のような使い捨てコンタクトレンズ市場の広がりを予想することはできませんでした。

この広がりの火付け役となったのは、米国にある前述のJ&J社でした。J&Jの名は、創業者ロバート・ウッド（1845―1910年）とその親族ら（ジェームス・ウッド、エドワード・ミード）にちなんで命名されたものです。世界で約30兆円とされる医療機器市場において、カテーテルなど医療機器部門の売上高が年2兆円以上にも上り、この数字は日本全体の年間総市場規模にも相当しています。そんな創業者ロバート・ウッドの起点は、「創傷治療のための縫合糸・手術用包帯などは滅菌済のもののみを使用するべき」という当時の革新的なアイデアにありました。これは、現在では感染症対策の常識となっていて、病院施設などでは一般的な普

旧式の手動旋盤

提供：（株）シード

及品です。その意思を引き継いだ後継者達により、使い捨てコンタクトレンズを日本にも輸出してきたのです。これはまさにコンタクトレンズの「黒船来襲」といっていいでしょう。

当初、国内メーカーや関係者らはこの発想はドクターや市場に受け入れられないと考えていました。しかし、滅菌された使い捨てコンタクトレンズは、患者自身が洗浄し煩雑なケア（洗浄）を必要とした通常のレンズよりも、より安全に使用されると、徐々にドクターにも受け入れられるようになったのです。また、１日使い捨てタイプのレンズは洗浄不要で、毎回新品の状態であるため、その利便性が消費者にも受け入れられ、今日では使い捨てコンタクトレンズが市場を席捲するようになりました。

近年ではパソコンやスマートフォン、タブレット、テレビゲームなどの普及により「眼」は酷使される環境が増え、今後も国内外問わず視力補正が必要な人口は増加することが見込まれます。現在、日本におけるコンタクトレンズの装用人口は約1600万人といわれており、この20年で1・8倍にも増加しています。日本国内のコンタクトレンズ市場規模はメーカー出荷ベースで約2000億円強と、アメリカに次ぎ世界第2位の大きなマーケットとなっており、「黒船」がマーケットを変えてしまったのです。

これに追随し、一日使い捨てタイプのコンタクトレンズを製造できるようになった日本のメーカーは現在2社のみで、今でもほとんどが海外製品となっているのが現状です。これにより医療機器の輸入額の赤字もコンタクトレンズが1位となっています。

使い捨てコンタクトレンズの登場は、大きなイノベーションが起きた転換期となったと同時に、経済的にも変化が起きて日本のコンタクトレンズ業界に激震が走ったできごとでした。

その一方で、眼鏡もかつては高級品として販売されていたイメージがありましたが、コンタクトレンズと同様、人件費の安い国で製造された商品が国内に流入し、価格破壊の波が押し寄せました。眼鏡は日本人の人口の約半数が所有しているとも言われています。コンタクトレンズと比較して市場規模は大きく、一人で眼鏡を複数所有するようになってきています。これらと差別化するために、今後は電子的な眼鏡の活躍の場が広がるかもしれません。

市場規模の推移

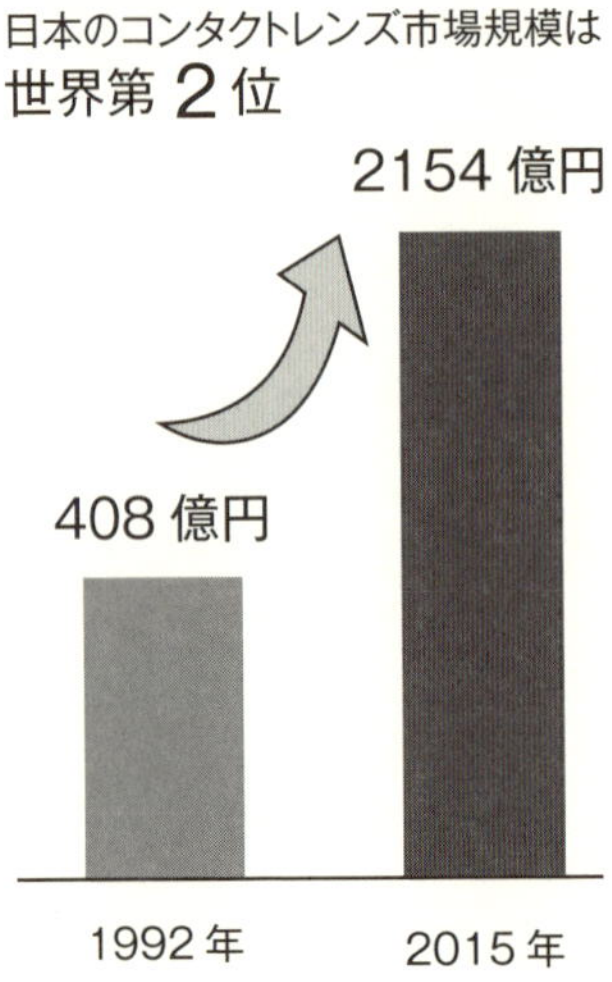

出典：日本コンタクトレンズ協会

12 「たい焼き」の作り方に似ている、使い捨てコンタクトレンズの製造方法

コンタクトレンズはかつて1枚数万円で販売されていました。しかし、今では1日使い捨てタイプのコンタクトレンズがひと箱あたり、３０００円位で30枚入っているのがごく普通です。１枚あたり、実質１００円程度の値段で販売されていることになります。なぜ、こんなにも安く作ることができるようになったのでしょうか。

かつてはレースカット製法と呼ばれる、１枚１枚手作りによる方法でしたが、大量生産に向いたキャストモールド製法という主に〝型〟を使った製造方法に移行したためです。それにしてもなぜ１００分の１程度の値段にできるのか、その作り方を見てみましょう。

まず、レースカット製法は金太郎飴のような丸棒と呼ばれる、コンタクトレンズの棒状の原材料を作ります。このプラスチックの塊の丸棒からレンズ形状を切り出すために、加工しやすくするため、ボタンと呼ばれる数ミリの厚さに切り出します。例えば50センチメートルの丸棒からボタンを約１センチメートルずつ切り出すと、そのボタンから50個のレンズを削り出すことができます。しかし、コンタクトレンズの厚さは、デザインにもよりますが０・５ミリメートルにも満たないことがほとんどです。そのボタンを１枚１枚コンタクトレンズ形状になるまで削ったり磨いたりを繰り返し、検査を経て、設計通りの形になるまでにはかなりの時間を要するので

コンタクトができるまで

とても薄くて小さいコンタクトレンズ。いったいどのように作られているのか、とっても気になりますよね！では、酸素透過性ハードコンタクトレンズ「シード エスワン」を例に、その製造の様子をちょっとのぞいてみましょう。

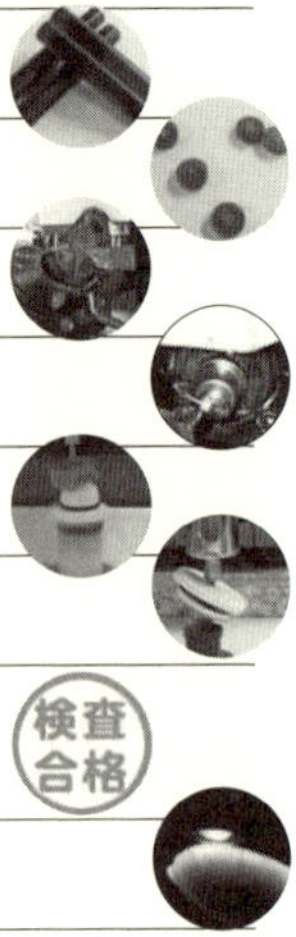

1 液体の原料を加熱し、「丸棒（まるぼう）」と呼ばれるプラスチックの棒に固めます。
▼
2 丸棒を切断して、コンタクトレンズの形に削る前の状態に細かく分けます。これを「ボタン」といいます。
▼
3 ボタンの、目に直接つける面を機械で削ります。（この機械は「ダイヤモンドバイト」といい、ダイヤモンドの原石からできていてものすごく硬いのです！）
▼
4 削った面をなめらかになるようにみがきます。
▼
5 反対側もダイヤモンドバイトで削ります。
▼
6 目に直接つける面と同様に、なめらかになるようにみがきます。
▼
7 ここまでは、ハードコンタクトレンズもソフトコンタクトレンズも作り方は同じです。この後、ソフトコンタクトレンズは涙に近い成分の液につけ、水分を含ませて柔らかくします。様々な検査をおこない、安全性を確認します。
▼
8 これで、完成です！！

出典：（株）シード

す。すると本来はこの1センチメートルのボタンから20枚のレンズ（1センチメートル÷0・5ミリメートル＝20個）が作れる体積があるはずなのに、1枚のレンズ形状を出すために、レンズ以外の部分を削りカスにしてしまうのです。これはとてももったいないことです。このような1枚1枚の手作りでは人件費や材料費に多くのコストを費やすこととなります。

　そこで、キャストモールド製法と呼ばれる、コンタクトレンズの型に原材料のモノマーをわずかに垂らし、同じ形のものを効率よく製造する方法にシフトしてゆきました。これは、たい焼きをイメージするとわかりやすいでしょう。たい焼きは金属のプレートに鯛の形が彫られており、たい焼きの生地を熱で固めると、その金属の鯛の形どおりになります。このたい焼きの中に入っている「アンコ」の部分がコンタクトレンズに相当するのです。そして、

コンタクトレンズができるまで（両面モールド製法）

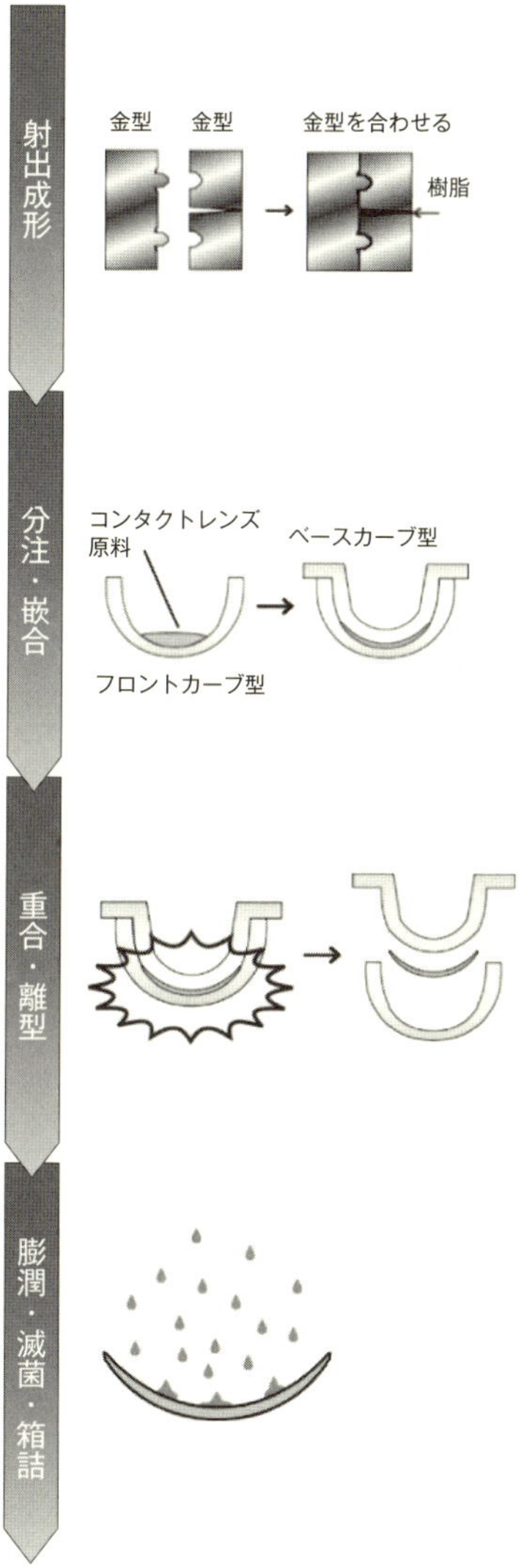

まずは型づくり

凹凸の金型を合わせた隙間にプラスチック樹脂を注入して、レンズをつくるための型をつくります。

型に原料を…

その型を合わせて出来た隙間が、コンタクトの形状になり、そこへ原料を注入します。

じっくり固めて、はずす

数時間ほど熱を加えて、化学反応を起こし、液状の素材がしっかり固まったら、型からはずします。

水分を含ませ、滅菌・包装

まだ硬いレンズ素材に水分を含ませ、弾力性のあるソフトコンタクトレンズに仕上げます。1枚ずつパックして、滅菌処理、厳重な検査工程を経て、箱詰めをしたら完成！

出典：（株）シード

大量生産をなるべく人の手を介さずに行います。特にレンズの搬送（持ち運び）や外観検査を自動化することで、これまでは人が念入りに検査していたものが、疲れを知らない画像処理装置で1秒以下の検査時間となり、なおかつ正確に不良品を判定することができるようになったのです。いったん製造装置を導入し、効率化が進めば初期導入費用は掛かりますが、作れば作るほどに装置は減価償却が進み製造コストが下がります。

コンタクトレンズは、金属の型に直接原材料を垂らす方法はあまり使われず、金属の型でいったん、コンタクトレンズ用の樹脂の型を作ります。その樹脂型に原材料を垂らして蓋をし、熱や光で材料を固めることで樹脂型の形状をコンタクトレンズに転写させます。

金属の型で直接作れば良いと思われますが、金属の中でコンタクトレンズ材料が固まる時間よりも、プラスチックの樹脂型が固まる時間の方が極めて短いのです。それ故に金型の中でコンタクトレンズを固めると、逆に非効率的になってしまうため、大量に製造（射出成型）可能な樹脂型を使ってコンタクトレンズを作るのです。

両方のレンズ面を樹脂型でつくるために、この製法を、「両面モールド製法」とも呼びますが、レンズを予め厚めに作っておいて、片面だけ削り取る「片面モールド製法」という製造方法もあります。

このようなキャストモールド製法のような製造方法は、大量生産型であり装置産業です。いったん、「型」を作ってしまえばコピーがたくさんできます。しかしながら、このような効率化のための装置の導入には、膨大な開発費用を投じる必要があるため、資本力のある外資メーカーの海外製品がマーケットを占めているのが現状です。

13 豆腐・寒天・こんにゃく……ソフトコンタクトレンズと兄弟!?

豆腐・寒天・こんにゃくはその触感から水を含む食材として、古くから家庭の食卓に並ぶことも多い食品類です。じつは、これらの食材は広義に「ゲル」と呼ばれ、直径が大体1ナノメートル～1マイクロメートル程度の、「コロイド溶液」という分散粒子である「コロイド粒子」が固まったものなのです。液体を含みつつ半固体または固体の状態になったものであり、豆腐・寒天・こんにゃく・ゆで卵などが身近に目にするものですが、ゲルには2つの種類があります。前述の食品などは「物理ゲル」であり、ソフトコンタクトレンズやおむつの化学材料で作られたものは「化学ゲル」なのです。お煎餅など、湿気を嫌う食品に同梱されている「シリカゲル」も、水分を吸収し、乾燥剤として利用されるもので、化学材料です。

ソフトコンタクトレンズはこの「ゲル」でつくられますが、ハードコンタクトレンズとはその名のとおり硬さによる違いがあります。これは、原材料の違いがそのまま硬さとして現れるのです。この硬さの違いにより、異なる性質を持つことになります。材料そのものの違いについては次の項に記します。

まず、ソフトコンタクトレンズは前述のとおり「ゲル」であり、水を含むと柔らかくなり、装用感がよく角膜にフィットします。水を含む割合である含水率は高くても約70％程度で、これは角膜と同じくらいの含水率を有します。生体の軟組織に類似した組成を持つ特徴があるなど、生体に優しい医用材料として開発されます。

角膜の曲率半径に対して通常、3種類ほどのベースカーブが準備されており、サイズも14ミリメートル位のものが一般的で角膜（黒目部分）を覆います。これにより、表面張力で角膜上に安定し、レンズの光学部と角膜の光学部が一致して、視力補正を可能とします。ハードコンタクトレンズの場合は約9ミリメートル位の大きさで、まばたきをするたびに上方に持ち上がります。これにより酸素の角膜への供給量も増えます。ベースカーブは個人個人に合うよう細かく調整され、0・05ミリメートル刻みなど、多くの種類が必要となります。例えば、ソフトコンタクトレンズの〝ベースカーブ1種類×度数範囲30種類〟であれば、単純に30種類の度数を製造すればよいのですが、ハードコンタクトレンズは〝ベースカーブ30種類×度数範囲30種類〟となり、約900種類（約30倍）のレンズが必要となります。これがソフトコンタクトレンズが使い捨て市場を形成した一つの要因とも言えるのです。

ソフトコンタクトレンズは吸盤のように角膜の上に安定しやすいため、激しいスポーツ・運動に向きます。一方で、ハードコンタクトレンズは衝撃などで外れやすい特徴があります。しかしながら、ソフトコンタクトレンズは角膜にフィットするために光学面の形状を崩す要因ともなり、形状が崩れないハードコンタクトレンズは乱視の補正能力、特に別の項でも記した不正乱視の補正が可能であることが特徴です。また、ソフトコンタクトレンズは水分を含むことでタンパク質などの汚れが付着しやすく、水道水などで洗浄ができません。アカントアメーバや微生物・細菌・真菌（病原性を有するカビ）がソフトコンタクトレンズ内に侵入し、傷ついた角膜からそれらが侵入することで角膜の感染症を起こす原因と

ゲルの種類

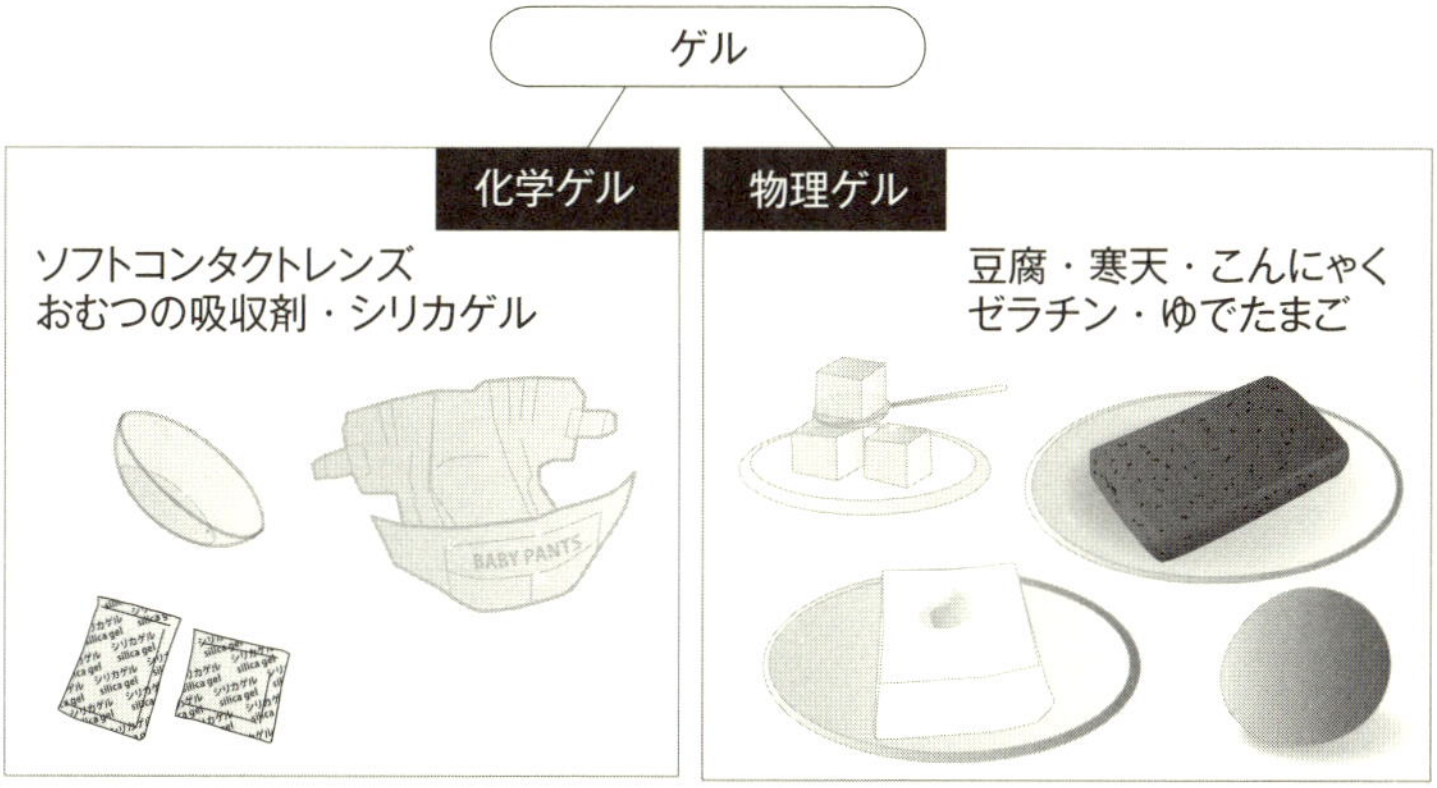

直径が大体 1nm(ナノメートル)～1 μm(マイクロメートル) 程度の、「コロイド粒子」という分散粒子である「コロイド溶液」が固まったもの。

なることがあるからです。しかしながらハードコンタクトレンズは専用の洗浄剤でタンパク質などを除去したあとに水道水ですすぐことができる利点があります。後に記しますが、おしゃれコンタクトがあるのもソフトコンタクトレンズの特徴といえます。

ソフトコンタクトレンズとハードコンタクトレンズの特徴

	ソフト コンタクトレンズ	ハード コンタクトレンズ
○ 長所	●装用感が良い ●はじめての方でも慣れやすい ●激しいスポーツも可能 ●使い捨てなどの種類が豊富 ●おしゃれコンタクトなどがある	●視力矯正力に優れる ●安全性が高い ●乱視矯正が可能 ●取扱いが簡単 ●耐久性がある
× 短所	●汚れを取り込みやすい ●耐久性がやや劣る ●眼障害に気づきにくい	●慣れるまで異物感がある ●ずれやすい、はずれやすい ●ゴミが入ると痛い

出典：㈱シード

14 酸素不足がもたらす「からだの不調」は角膜にも

通常、平地での気圧は1気圧で、その中に含まれる酸素の割合は約21%です。ところが、登山などで高所へ行くと、酸素不足となり、「からだの不調」を訴える人も多くいます。

それでは、酸素不足は角膜にどのような影響を及ぼすのでしょうか。角膜への酸素供給低下は角膜に「浮腫（ふしゅ：角膜が水分を含み膨れ上がる状態）」や、「びらん（角膜の表面の上皮が部分的にとれた状態）」などの影響を与えます。コンタクトレンズ自体による角膜への傷や、コンタクトレンズに付着した微生物などによる角膜感染症など、長期間の酸素不足により、毛細血管が酸素を運ぼうとすることにより、結膜からの血管の進入（新生血管）や、角膜内皮細胞の減少を発生させてしまうのです。このような問題があるために、角膜を覆うコンタクトレンズの開発は、酸素を透過させるための技術開発と言っても過言ではありません。酸素がレンズ自体を通る量を表したのが酸素透過係数と呼ばれる「Dk値」です。コンタクトレンズではしばしばこの「Dk値」が使われ、数値が高いと素材を酸素が通る量が多いのです。

さて、現在、世の中に流通しているのは、ソフトコンタクトレンズとハードコンタクトレンズです。その材料としての特性の違いはどこにあるのでしょうか。前の項でも記したとおり、ソフトコンタクトレンズは「水分を含むプラスチック」であるハイドロゲル素材をベースに作られています。ハイドロゲル（水を意味する接頭語〝ハイドロ〟と〝ゲル〟）は水を内部に含む物質の総称です。従来の含水性のソフトコンタクトレンズはＨＥＭＡ（ヘマ）と呼ばれる含水性の材料を主流としていました。含水率を上げることで、水分が角膜に必要な酸素を運ぶため、酸素透過性が高まり、角膜に対する安全性が高くなります。これまではこの水を含む割合である、含水率を高める素材が各メーカーにより追及されてきました。さらに、酸素透過性はレンズの厚さに依存するため、酸素透過性を高めるためにレンズの厚さをより薄く設計するようになりました。

しかしながら、含水率を高くすればするほどに、含有する水分が蒸発しやすくなってしまいました。これにより、装用中にコンタクトレンズが乾燥することで目の乾燥感を訴えるというデメリットが出てくることとなってしまったのです。さらに、含水率を上げ、酸素透過性を高めた場合でも、水が酸素を含む酸素透過性を超えることはできないのです。また、やみくもに中心厚を薄くすれば、コンタクトレンズ自体の強度が低下し、破損しやすくなったり、装用する際に形状保持性が悪くなることで、レンズ

角膜の構造

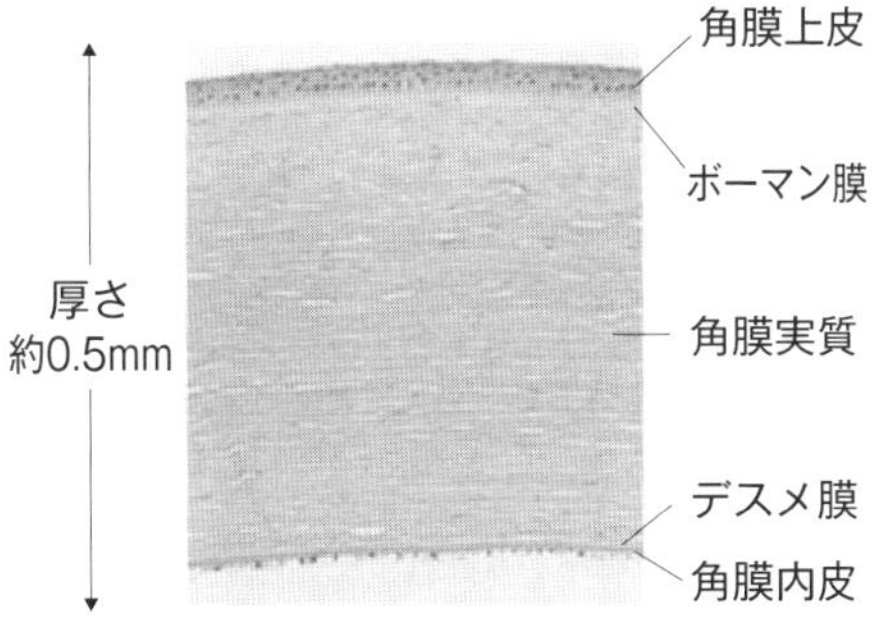

１層の細胞シートのようなものがあり、能動的に絶えず活動することで角膜を透明に保ってくれます。

形状が崩れ、装用できなくなるなどの弊害もあります。

なお、ここのところ流通しているシリコーンハイドロゲルはこれらの欠点を払拭したレンズといわれています。シリコーンとハイドロゲルの組み合わせにより、より酸素透過性が高く含水率も低めに抑えているためです。

それでは、ハードコンタクトレンズについてはどうでしょうか。その名の通り硬いプラスチック素材でできています。主にはＲＧＰ（Rigid Gas Permeable Lens：ガス≒酸素透過性レンズ）素材です。素材の構造が網目状のザルのようになっており、その隙間を通って酸素が角膜に供給されるのです。レンズ内部は水分を含まないため、コンタクトレンズ自体から水分の蒸発が無いことと、コンタクトレンズと角膜の間に溜まった涙液の循環により、ソフトコンタクトレンズに比べて、目が乾きにくいメリットがあります。しかし、その硬さにより装用初期にはどうしても異物感（ゴロゴロ）を感じてしまい、眼がコンタクトレンズを異物と勘違いして、慣れるまでに涙が止まらない事もありますが、使用するにつれてその異物感にも慣れてしまい、気にならなくなります。コンタクトレンズと角膜の間に塵や埃などが入った場合、かなりの痛みを感じます。一見デメリットのように感じますが、実はこれがメリットなのです。傷ついた痛みによりすぐに異常に気がつくため、早期に眼科へ赴くことになり治療を受けることができるのです。

いずれの素材も角膜に酸素不足を生じさせないための開発は続けられています。初期のコンタクトレンズはガラスでできていました。当初は、角膜を保護する目的でつくられましたが、ガラスは酸素を通さないために、現在は使用されなくなってしまいました。

コンタクトレンズの酸素供給

15 ハードコンタクトは涙も味方にしてしまう

繰り返しになりますが、1章の7項でも記したとおり、乱視には「正乱視」と「不正乱視」の状態があります。「正乱視」は角膜だけに緩い水平方向のカーブと、きつい垂直のカーブがそれぞれ別に焦点を結ぶため、焦点が2つに分かれてしまうような場合です。角膜はラグビーボールのような形状をしています。そして、「不正乱視」は角膜が凹凸形状の状態で、例えると車のフロントガラスに水滴がついているのと同じような状態でもあります。傷ついたフィルム面に水分が入り込むと、あたかも傷が消えてしまうことにも似ています。涙液が緩衝材の役割をして、凸凹状態を打ち消してしまうのです。ハードコンタクトレンズは凹凸のある角膜あるいは、軸方向がある角膜とコンタクトレンズの間の涙液がこれを埋めることで補正されるのです。「不正乱視」については、眼鏡やソフトコンタクトレンズを用いても、この角膜の凹凸を埋める役割をする涙液が乱視成分を補正してくれないため、ハードコンタクトレンズ独自の補正方法なのです。つまり、ハードコンタクトレンズは「正乱視」と「不正乱視」共に補正可能なレンズといえます。しかし、ソフトコンタクトレンズを装用すると、角膜の形状に吸着し、不正乱の角膜形状と同じ形状となり凹凸をトレースしてしまうために、これらの乱視は補正されません。

しかし、残念ながら水晶体で生じる乱視成分が残っている場合には補正ができませんので、角膜に生じる乱視にのみ万能ということになります。

　また、ハードコンタクトレンズは、角膜との間にある涙液をレンズの作用として営ませる効果があります。コンタクトレンズの曲率半径が角膜の曲率半径よりも小さい場合はプラスレンズの作用を、逆に、コンタクトレンズの曲率半径が角膜の曲率半径よりも大きな場合はマイナスレンズとして作用することとなります。つまり、角膜の曲率半径とコンタクトレンズのベースカーブによって、涙液がプラスレンズにもマイナスレンズにもなってしまうため、度数変化が生じてしまう場合があるために、注意が必要になります。

不正乱視

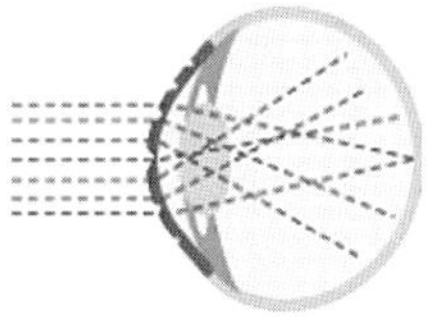

不正乱視はハードコンタクトレンズにより矯正される

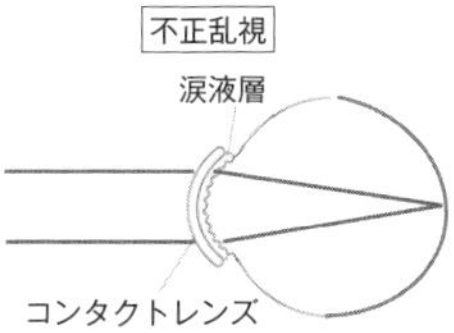

涙液の作用により補正されるのは角膜乱視のみ！

涙液の光学的作用

CLの屈折力→ コンタクトレンズ＋涙液＋角膜

CLの方が曲率半径が小さい　CLの方が曲率半径が大きい

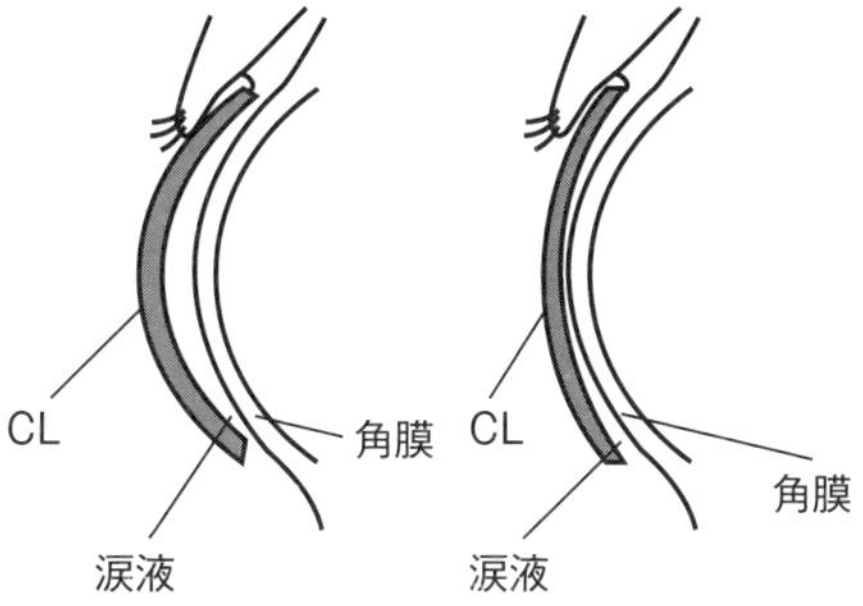

プラスレンズの作用　マイナスレンズの作用

16 〝スイカの種・えだまめ〟がヒントになった？——乱視用ソフトコンタクト

「正乱視」とは緩い水平方向のカーブと、きつい垂直のカーブがそれぞれ別に焦点を結ぶため、焦点が二つに分かれてしまうような状態でした。異なる軸の焦点が2つできてしまい、網膜上に焦点が合わなくなってしまうのです。

ソフトコンタクトレンズでこの状態を補正しようとすると、ソフトコンタクトレンズの柔らかさから、角膜の形状にならってしまうため、乱視の補正ができなくなってしまうのです。これらの状態をソフトコンタクトレンズで補正させるために円柱レンズを軸に合わせた状態で「適切」に角膜にフィットさせるのです。この「適切」な状態を作るためにどのような工夫がされているかというと、コンタクトレンズに厚み差をつけて、コンタクトレンズが眼の中で回らないように制御しているのです。

乱視用ソフトコンタクトレンズは同じように見える周辺部分でも、厚い部分と薄い部分を意図的に設計し、厚みの差を設けることによってレンズの回転を防いでいるわけです。

これはちょうど、〝スイカの種〟の薄い部分を指先でつまんだり、口から種を出す際に舌で力を加えたときに、種の厚い部分から押し出されるのと同じ理屈です。また、茹でられた〝えだまめ〟を例にとると、押し出す側と反対のほうに豆が飛び出てくるイメージになります。このときも同じく、薄い方を押しつぶすと皮から豆が飛び出てきます。レンズの

乱視

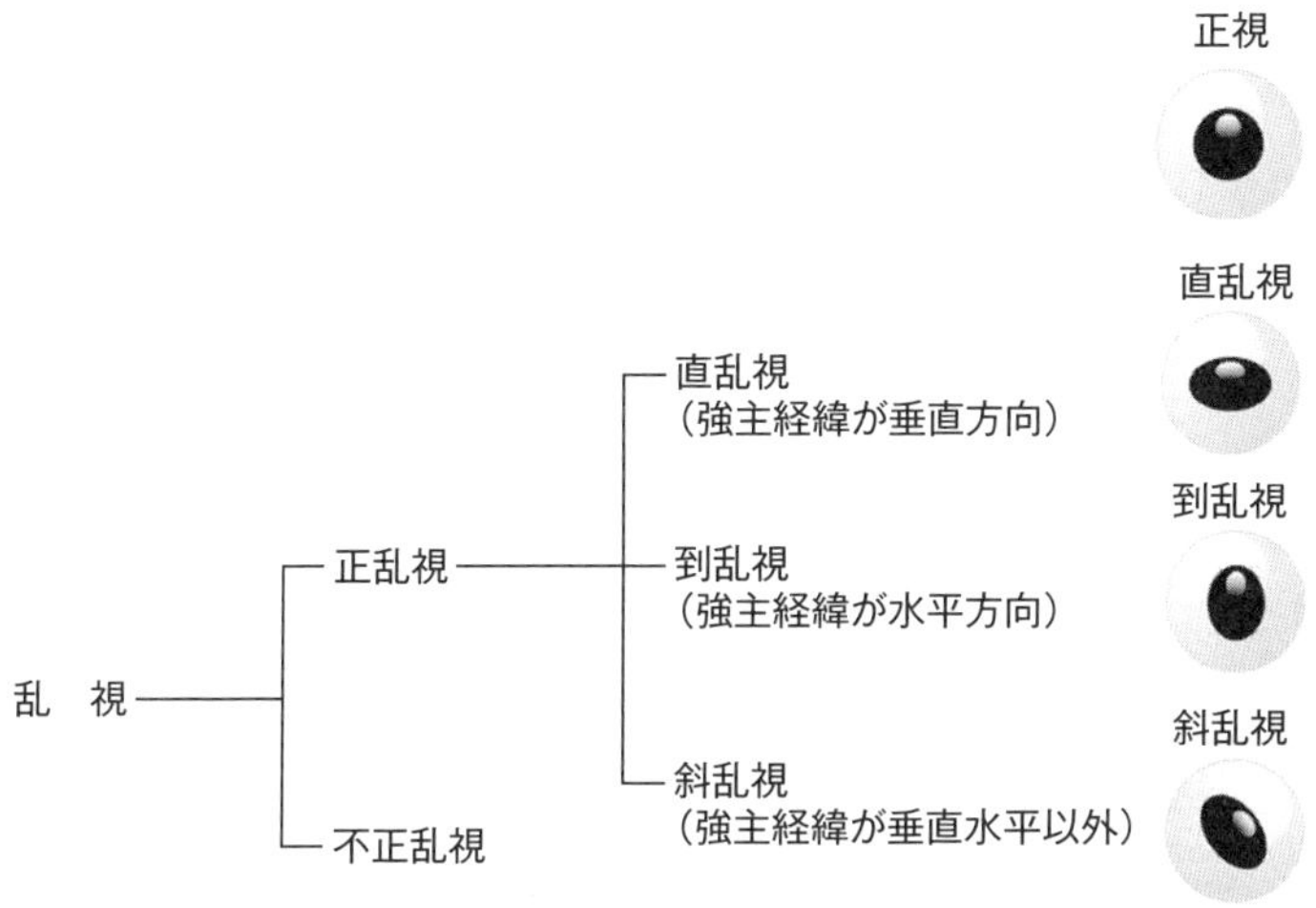

語源は英語で「lentil」ラテン語では「lens」と言い〝豆〟を意味することから、ちょうど乱視用コンタクトレンズと類似するのです。

〝スイカの種〟をイメージした代表的なデザインの一つがプリズムバラストと呼ばれるデザインです。瞼の上側を薄く、下側を厚くデザインし、スイカの種を潰すのと同時に錘となる部分が重力で下がることで軸を安定させます。またレンズの上部と下部を薄くし、上下の瞼でレンズの薄い部分を挟み込むことで軸を安定させるのが、ダブルスラブオフと呼ばれるデザインです。

これにより、瞼で押し出されたレンズは常に乱視軸に合うように設計されています。回転を制御し軸を安定させるために、各社がスイカの種が押し出される原理を利用して、レンズを設計しているのです。

乱視の補正

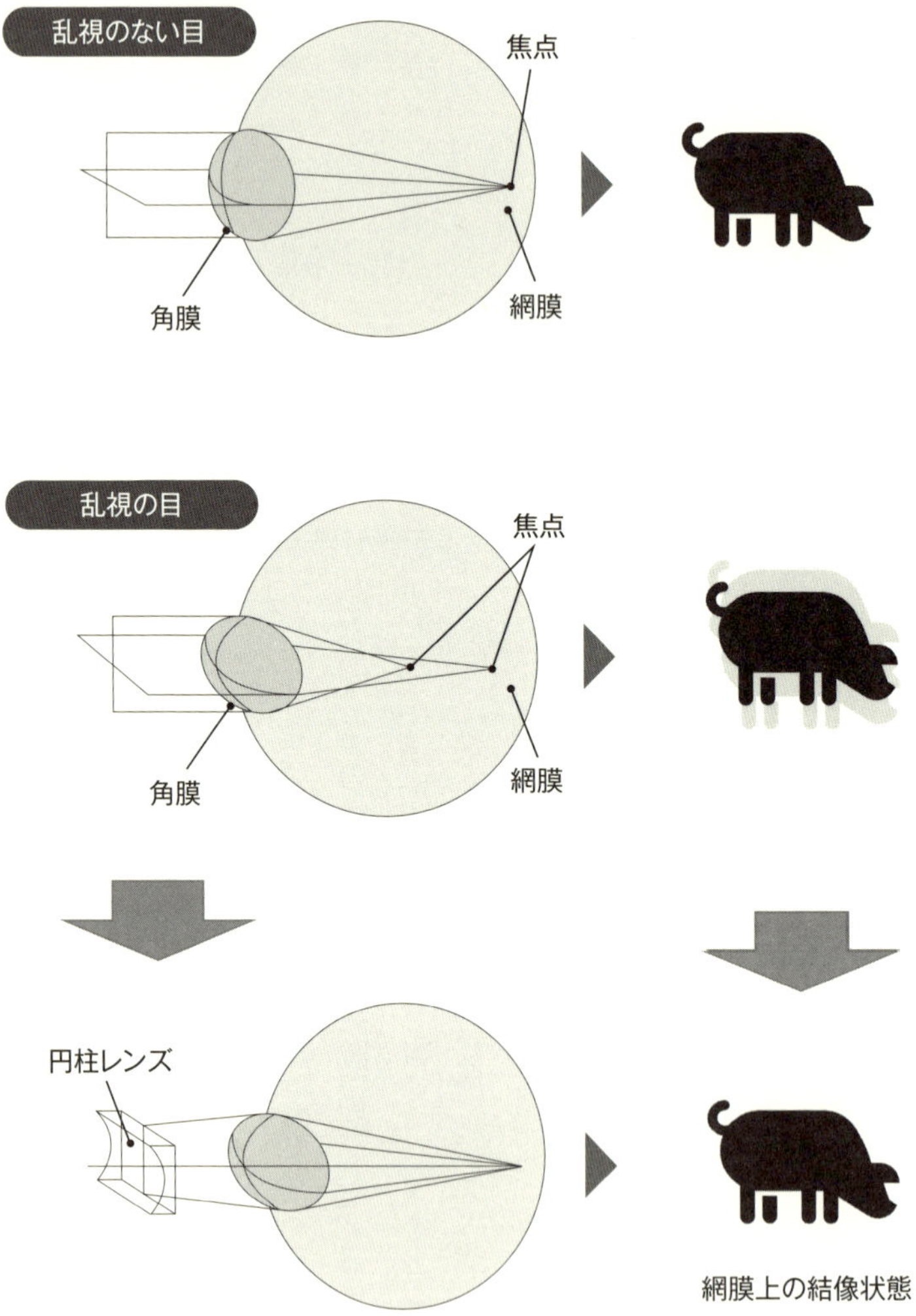

17 眼も老いる。水晶体の老化現象

歳を取ると避けて通れないのが「老眼（老視）」です。老眼には眼鏡を装用するのが一般的ですが、コンタクトレンズにも〝遠近両用コンタクトレンズ〟が存在します。この説明の前に、まずは老眼について理解しましょう。

若い時には水晶体が柔軟で、簡単に水晶体の厚みを変える筋力があります。しかしながら加齢とともに水晶体も老化し、固くなって水晶体が厚くなりにくくなります。つまり、水晶体が厚くなることで、眼球光学系全体の屈折力が増して、近くが見えやすくなっていたにも関わらず、近くにピントが合わせられなくなります。これが加齢による「老眼」です。

人は加齢により一定の年齢以上になると筋力が落ちていくことはご存知だと思います。これと同じように、毛様体筋と呼ばれる水晶体を膨らませるための筋肉にも年齢と共に老化現象が生じてきます。

後にも記しますが、近年のスマホやパソコンの画面を見ているときは、常時近距離を注視している状態にもなるために、この毛様体筋の緊張状態が続いてしまうのです。そのため、この毛様体の筋力が疲れを生じることで、「スマホ労（老）眼」となってしまいます。例えば筋力トレーニングを繰り返していると、手足の筋肉が疲れて自由に動かなくなってしまうことと似ています。

じつは、このピント調節力の低下の変化は幼少の

ピント調節

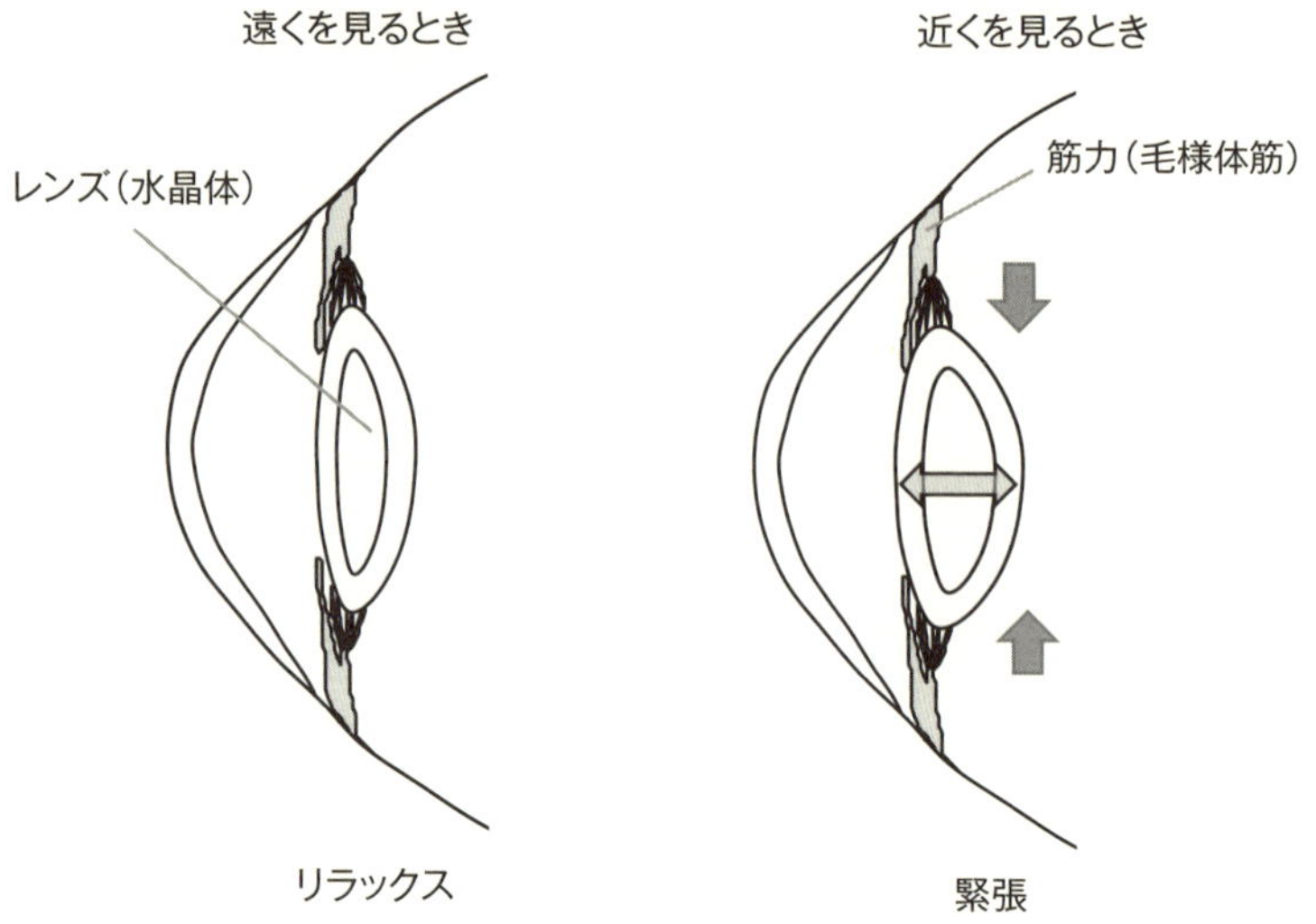

加齢による水晶体の老化

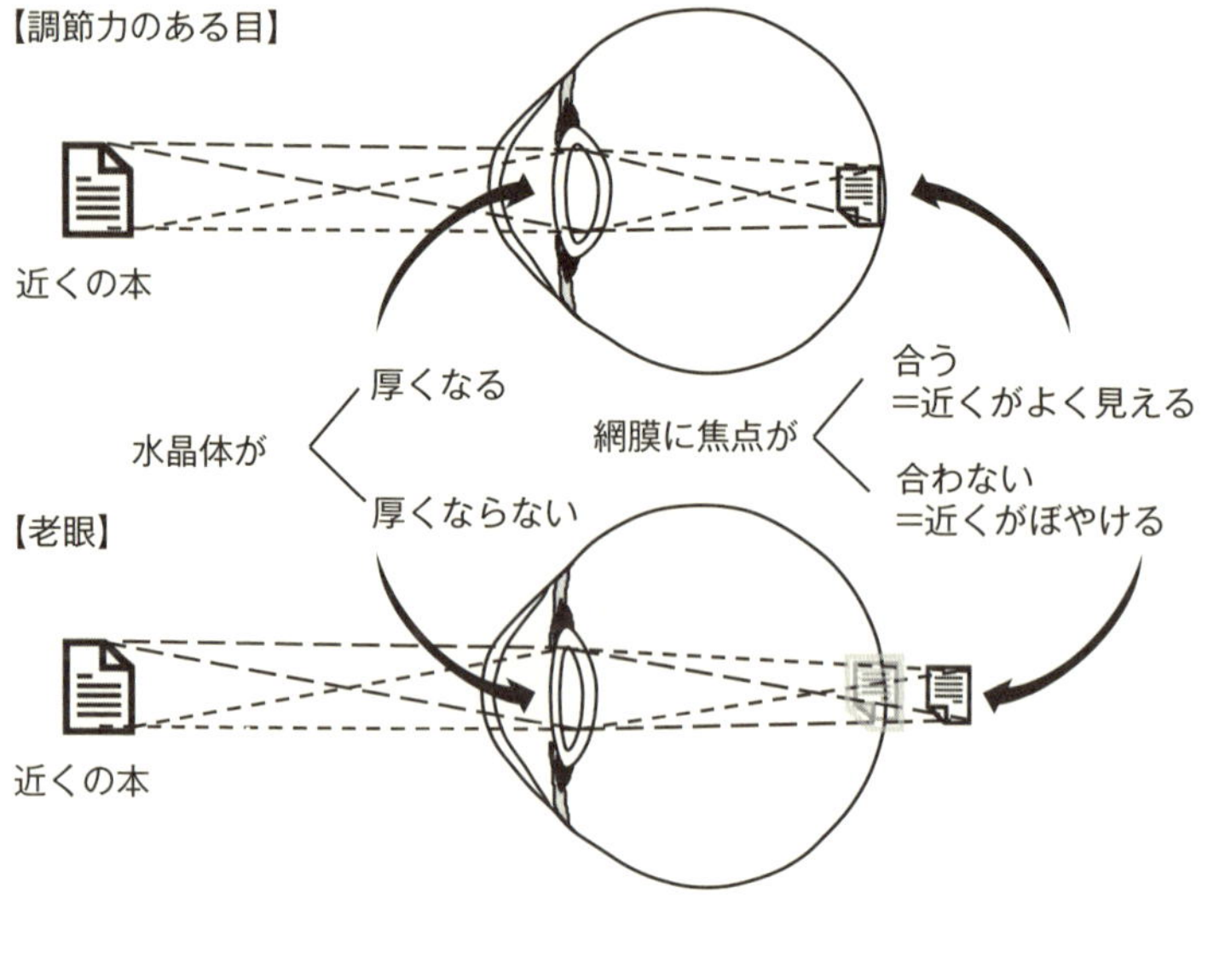

年齢と共に離れる手元の距離

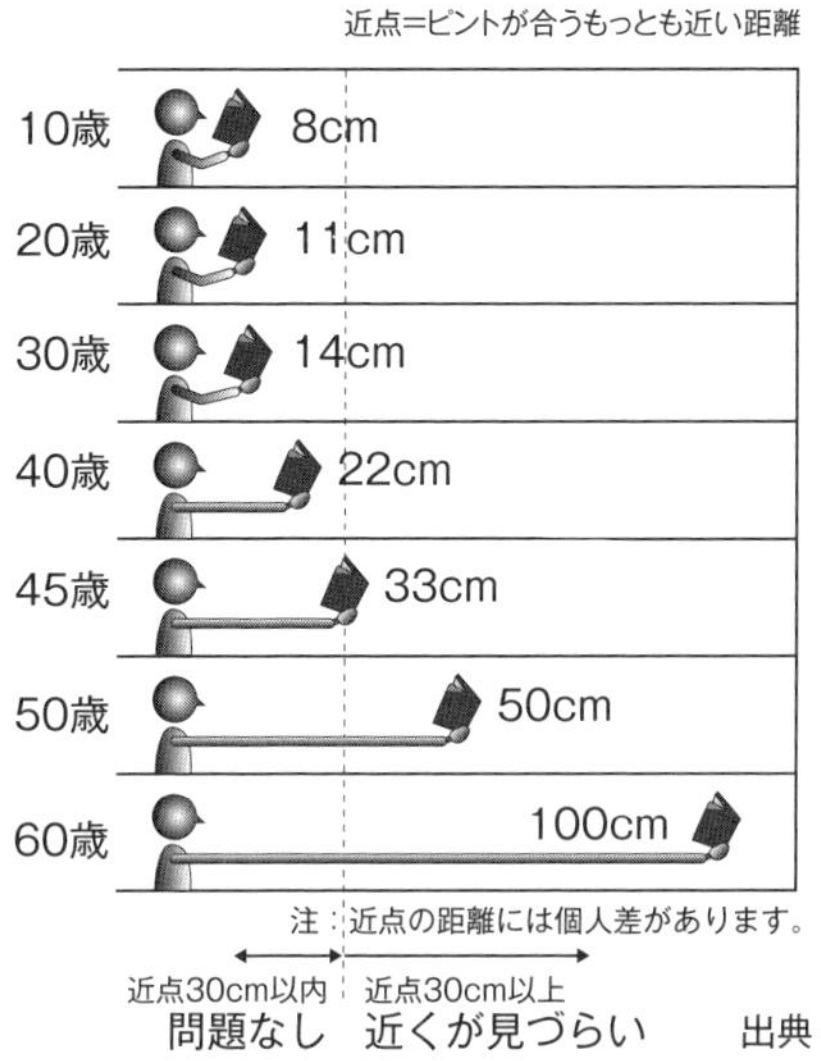

出典：人生が変わるメガネ選び

頃から少しずつ始まっています。正視の人、または正視に補正した状態で、読書などの近い場所を注視する作業に支障をきたすようになるのが、40歳を超えたあたりからとなります。自覚症状として知覚するようになるのもこの年齢くらいからです。

通常の視力矯正では、遠くを見るために遠方に視力補正されているために、視力が出ている場合は網膜上にピントが合った状態です。老眼になると、前述のとおり水晶体の調節力が衰えることで、近くのものに焦点が合いにくくなります。そのため、眼鏡やコンタクトレンズで遠くがハッキリと見えるように視力補正してしまった場合においては、水晶体の老化のために近くに焦点が合わなくなってしまうのです。よって、手元にある細かい文字の新聞や本、スマホを体（目）から離してゆかないとピントが合わない状態となってしまいます。この、近くでピントが合う距離は、年齢と共に遠くなるのです。

18 〝老眼〟にも対応、遠近両用コンタクトの光学デザイン

老眼の眼に対して、近くも遠くも見えるように設計されたのが〝遠近両用コンタクトレンズ〟です。近くを見続ける場合の調節力の低下による疲れ目は、〝老眼〟と言うよりは、〝疲労眼〟を略し、〝労眼〟の方が合っているかもしれません。コンタクトレンズの光学部のわずか数ミリの瞳孔の中に、遠くも近くも見えるように、異なった度数の領域を持たせたもの（同時視タイプ）や、ハードコンタクトレンズが目の中で動くことを利用し、下を向いたときに近くが見えやすくなるように設計されたもの（交代視タイプ）があります。これを加入度数と言います。

同時視タイプでは、一方には焦点が合っていますが、他方は焦点が合っていないため、ボケ像が発生します。しかし、脳が選択的に「見たい方」を選択しているとされています。主に、同時視タイプは角膜形状にピッタリとフィットしやすいソフトコンタクトレンズでできており、交代視タイプは動きの大きなハードコンタクトレンズで製造されています。

しかしながら、遠近がシャープに見えるために、切り替え部分で像がジャンプすることもあります。その不自然さに慣れずに、装用が適応できない患者も存在します。これは、喫茶店などでざわついた環境の中でも集中していると周りの声が聞こえにくくなったり、目の前の話し相手の会話だけ聞き取れるのと同じような現象なのです。ですから、人によってはザワザワした環境がどうしても気に入らないの

遠近両用コンタクトレンズと装用状態

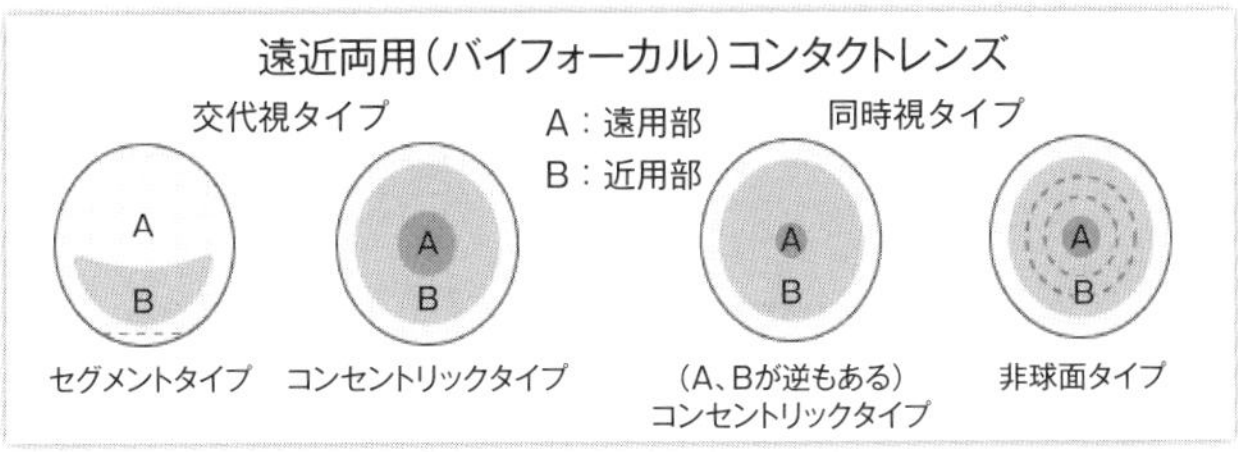

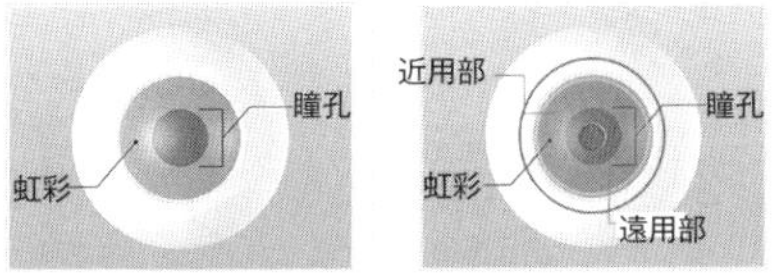

（右：装用状態）

出典：医機連

> 加入度数
> 近くを見るために水晶体の調節力の低下を補助するように度数を追加したもの。

と同じように、老視用の遠近両用コンタクトレンズに適応しない例もあります。

また、右目に遠用、左目に近用など別々のタイプを装用する（モノビジョン）方法もあり、同じように脳が「見たい方」を認識する仕組みとなっています。最近ではコンタクトレンズを製造するための工作機械の加工精度が向上し、複雑なレンズデザインの加工が可能となりました。これにより各メーカーからは複数の種類の遠近両用コンタクトレンズが発売されています。複雑な光学デザインの遠近両用コンタクトにより、装用者が自分の生活スタイルに合った加入度数を加えるなど、作業距離に応じた最適なレンズが選べるようになりました。

団塊ジュニア世代が、徐々にこの〝初期老眼〟になりつつある中で、このような遠近両用コンタクトレンズは、より自然な見え方を追求する光学デザインが採用されているのです。

同時視タイプの見え方

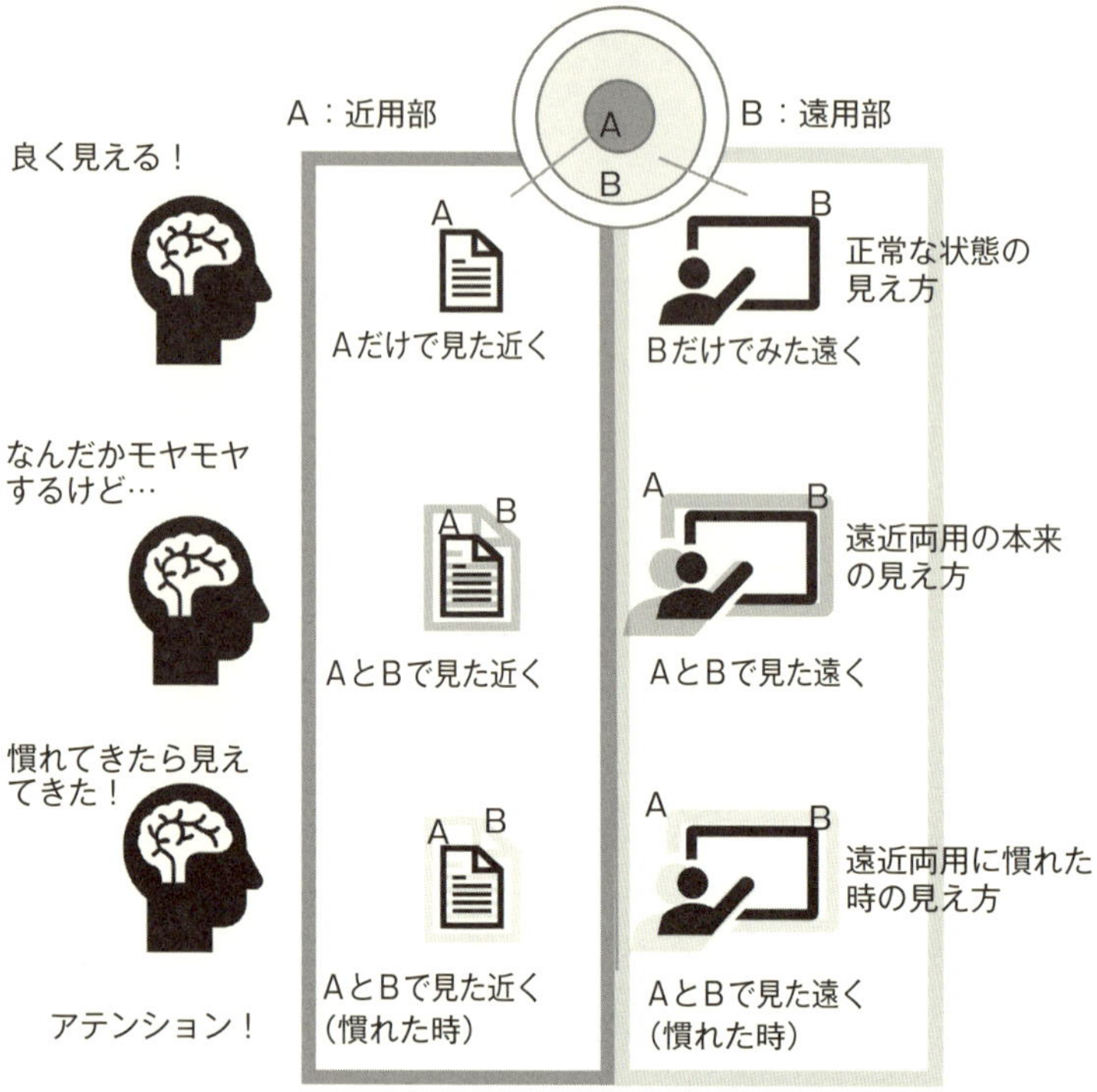

複雑な光学デザイン

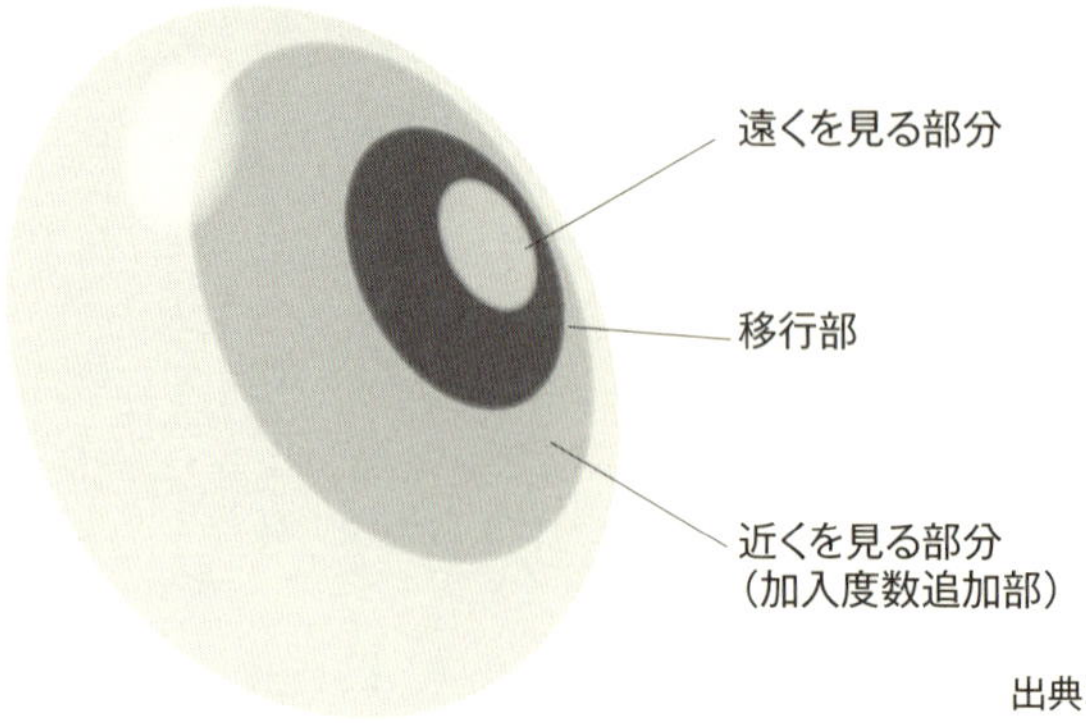

出典:(株)シード

19 「義眼」のようなコンタクト——虹彩付きソフトコンタクト

生活を営んでいる中で、運悪く稀に「眼」に障害を負ってしまう場合があります。そのようなときに用いられるのが「義眼」です。「ミュラー式義眼」と呼ばれる義眼は、旧東ドイツ・チューリンゲン州のルートヴィヒ・ミュラー・ウリにより開発されたことでも有名です。現代も引き継がれているこの技術は、虹彩のデザインためのエナメルペインティングを独自のスタイルで確立しました。ミュラーの技術がヴュルツブルクの眼科医、ハインリッヒ・アデルマンの目にとまることになり、これを契機として、この地方でガラスを用いた人用の義眼が開発され始めたのが1832年でした。ミュラーは、アデルマンのもとで約5年の歳月を経て高精度の義眼を開発し、1835年には患者のための最初の「ミュラー式義眼」が誕生しています。これが日本国内に持ち込まれることとなり、東洋で最古の歴史を誇る義眼の製作施設「(株)アツザワプロテーゼ」の前身「アツザワ美眼院」を、厚沢銀次郎氏が設立しました。東京帝国大学教授である石原忍博士の指導のもと、東洋で初めてミュラー式の義眼製作に成功したのがはじまりなのです。その後、息子である厚沢弘陳氏が、この技術を継承しコンタクトレンズの研究に着手し、コンタクトレンズメーカーである東京コンタクトレンズ（現在の株式会社シードの前身）を設立したのです。長い歴史を経て、ガラス製の義眼からコンタクトレンズに技術が応用されてきた経

虹彩付きソフトコンタクトレンズ

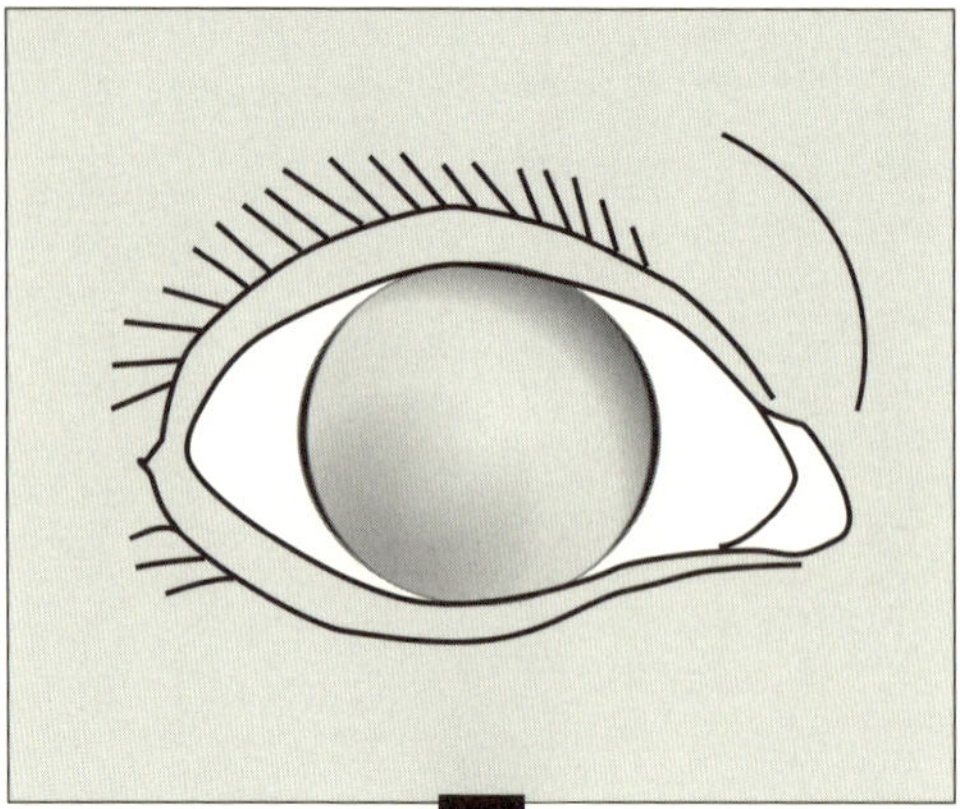

角膜混濁の目

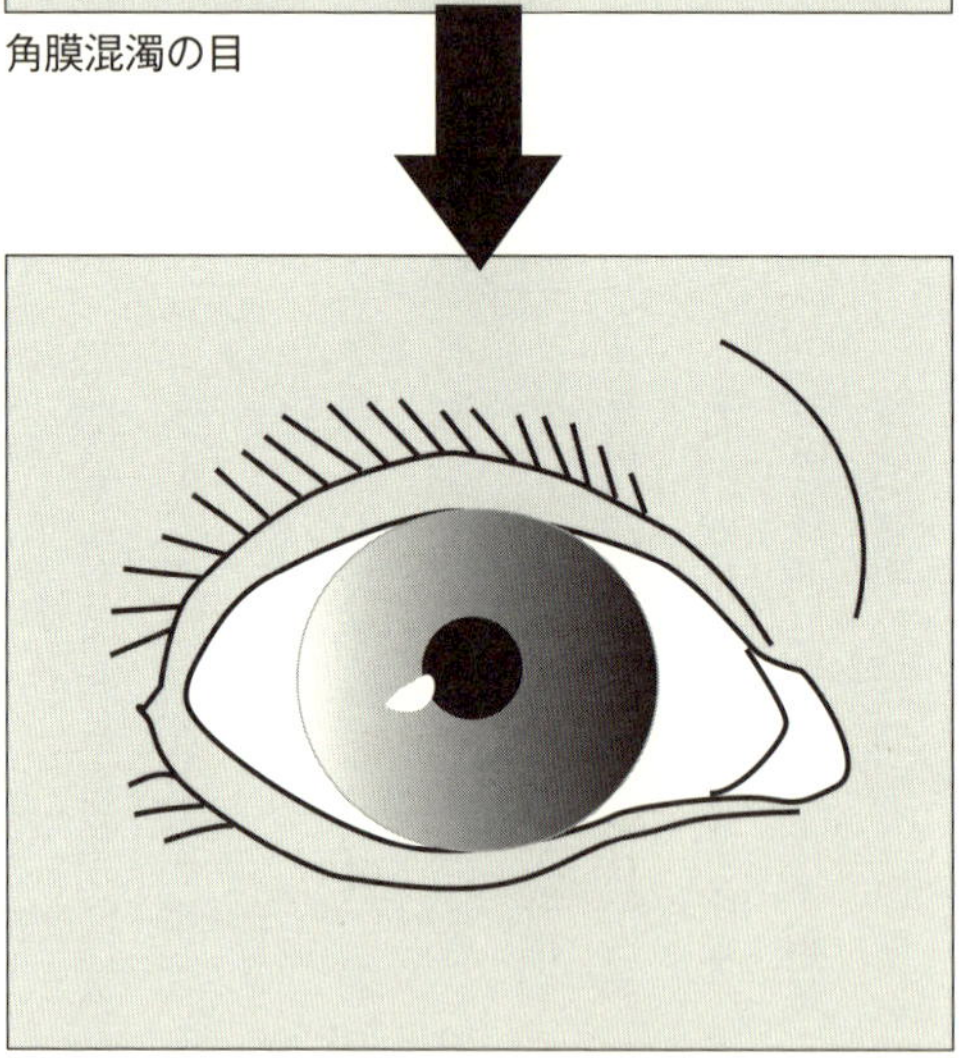

虹彩付きソフトコンタクトレンズ装用

「虹彩付ソフトコンタクトレンズ」は、虹彩欠損症、角膜白斑などにおける整容や、羞明感の軽減の他、多くの症例に適用可能であり、視力補正も可能にしたソフトコンタクトレンズもある。

緯を見ると、義眼はコンタクトレンズの兄弟といってもよいでしょう。

この、義眼が必要となる状況に至らないまでも、角膜の混濁などによる見かけの「違い」を改善したり、先天的に虹彩がない先天性無虹彩症にも特殊なコンタクトレンズを装用することで、これらを本来の姿のように改善することが可能です。

また、網膜錐体ジストロフィーという病気では、明るい光への感受性が強くなるなど、色覚異常も生じてしまいます。ところが、この病気でひどい眩しさに苛まれている方にも、虹彩付きレンズで光量を絞ることによって、眩しさが軽減されるのです。いわば、コンタクトレンズがサングラスのような役割を果たすのです。

特殊なコンタクトレンズのため、これでしか治療できない疾患も存在するため、色や透明度、虹彩径などを指定し、一枚ずつオーダーメードしています。製造には手間がかかりますが、これらを必要とする患者さんがいる限り、こうした特殊要求に対して供給され続けるでしょう。

これらは現在、流行している「カラコン」とは違い、治療目的で使用されるコンタクトレンズです。ファッション性を重視した虹彩径を大きく見せたり、虹彩の色を変える、「カラコン」も存在しますが、別の項で説明することにします。

じつはこの義眼のようなコンタクトレンズ製造技術は、テレビや演劇の演出や、映画の特殊撮影の際にも用いられていたことがあるのです。いろいろな場面でエンターテイメントを盛り上げるためにも応用されており、皆さんが目にしたことがある映画の中などにも、使用されているのですが…映画を見る楽しみを奪わないためにも、ここではその映画のタイトルは伏せておく方がよいでしょうか。

20 眼の中を覗き見る「検査用コンタクトレンズ」

これまで紹介してきたコンタクトレンズは角膜や眼球全体に何らかの光学的な歪みが発生し、網膜上にピント（焦点）が合わない状態を補正するものでした。しかし、角膜の上に特殊な形状のコンタクトレンズを乗せることで、眼の中を覗きみることのできる「検査用コンタクトレンズ」というものが存在します。一般に目にすることはありませんが、眼科の検査などで眼球内の状態を観察・診断したり、手術の際にドクターが使用するものです。では、このコンタクトレンズは、実際どのように使われるのでしょうか。

検査用コンタクトレンズ

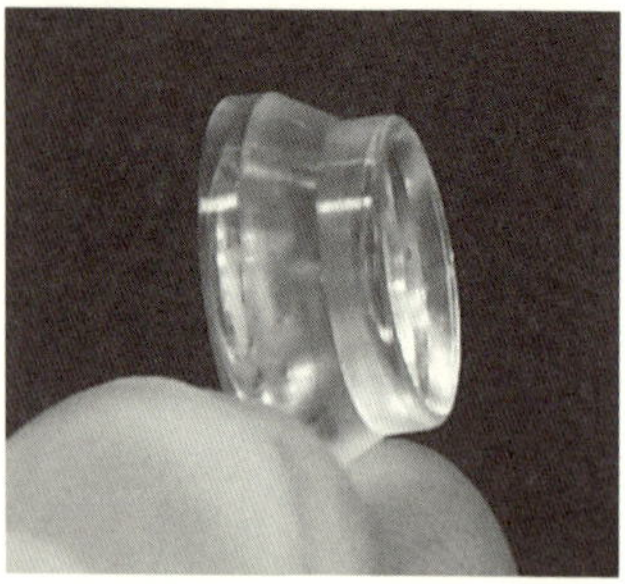

緑内障という病気をご存知でしょう。緑内障は眼圧（眼の中の圧力）の上昇などによって視神経が圧迫され、網膜に障害がおきる病気です。これにより、視細胞がダメージを受け、ほとんど自覚症状がなく、見えない範囲が広がって行き、無自覚のまま徐々に進行してしまいます。見えなくなるのになぜ気が付かないかというと、人は見える（ダメージを受けていない）細胞を上手く利用し、見えない部分を眼球運動などにより正常な視細胞で補完するためです。また、見えにくくなっている目とは反対の目

閉塞隅角（へいそくぐうかく）緑内障と検査用コンタクトレンズ

閉塞隅角緑内障と検査用CLによる隅角観察

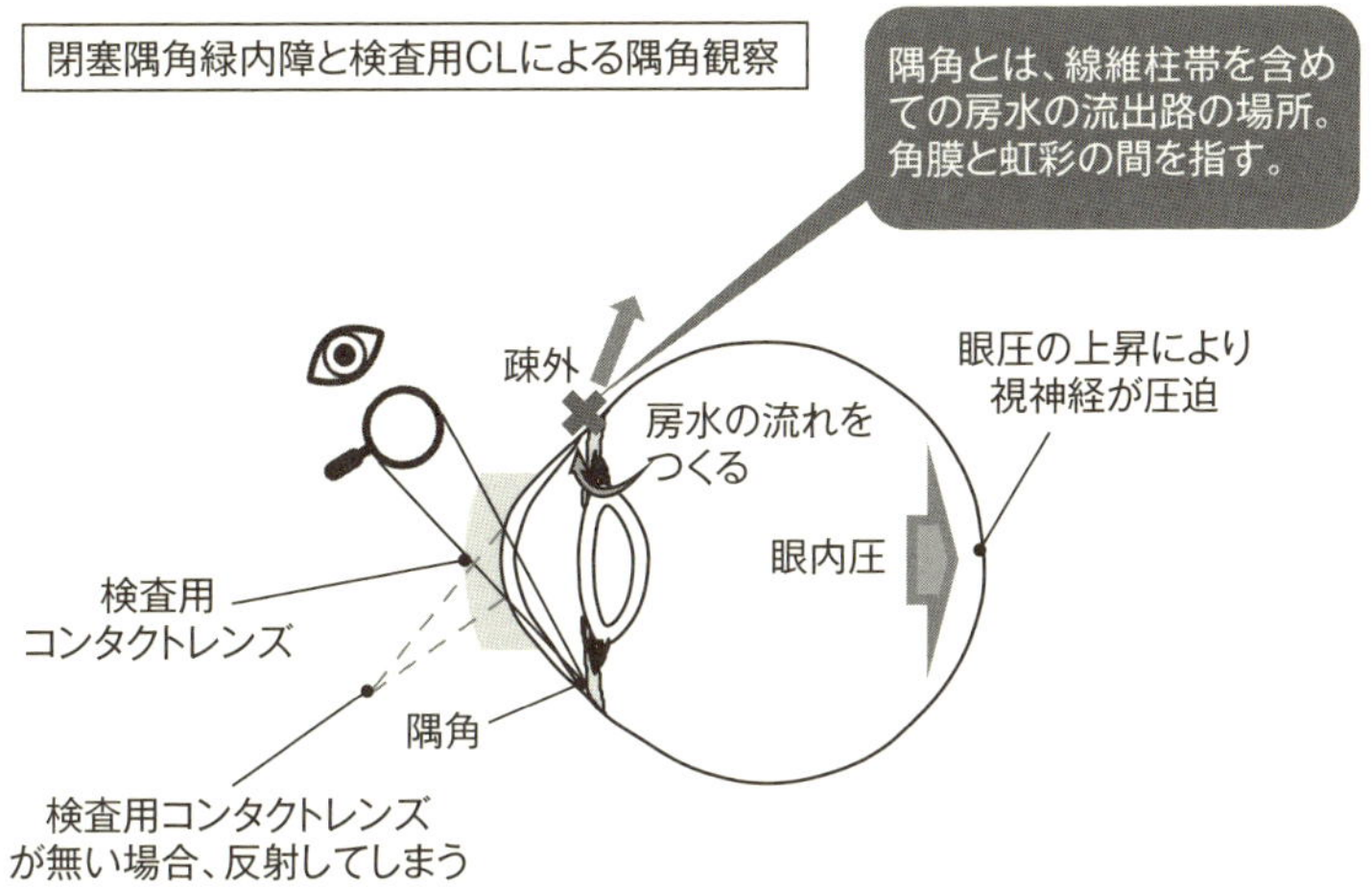

レーザー光による虹彩切開手術

レーザー用CLによる虹彩切開手術

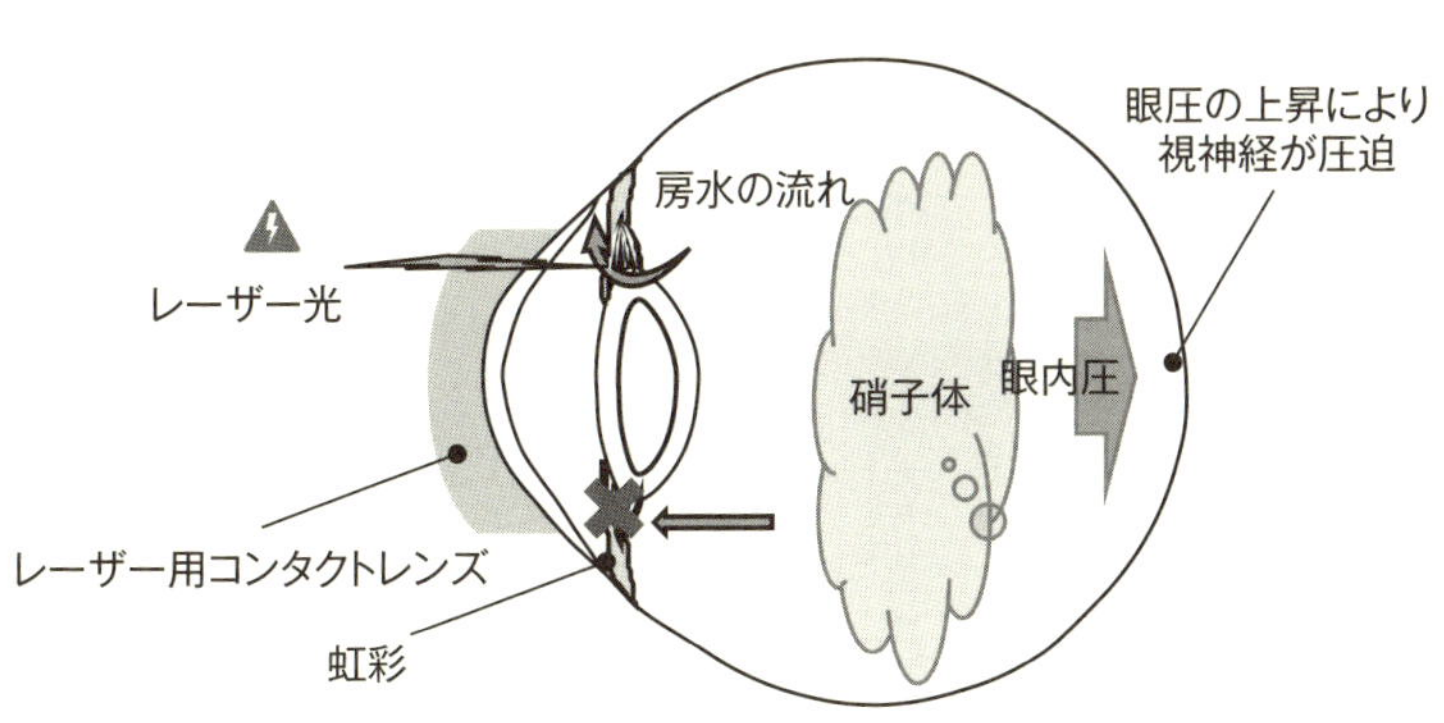

を使って、見た情報を脳の中で足し合わせて物を知覚していることもその理由の一つです。

この緑内障は、見えないことに気が付いたときには、症状がかなり進行してしまっているという怖い病気です。自分では気がつきにくいため、早期に検査を行い発見する必要があります。日本には約200万人以上の患者がいるとされており、特に40歳を超えた中高年が罹患しやすいといわれています。この眼圧上昇の原因の一つに「閉塞隅角（へいそくぐうかく）緑内障」という病気があります。眼球内に満たされた栄養分を運ぶ「房水」と呼ばれる、眼球内に満たされた水の出口にあたる「隅角」が詰まってしまうことにより、ちょうど風船を膨らませたように眼の中の圧力が上昇してしまうのです。この隅角の〝詰まり部分〟を見るために「隅角検査用コンタクトレンズ」を使用して、外部から観察・診断します。この部分の詰まりが確認できた場合、これを解消するためには、線維柱帯切除術（せんいちゅうたいせつじょじゅつ：トラベクレクトミー）と呼ばれる線維柱帯の一部分を切除し、房水の出口を作る手術などを行います。これにより眼内の圧力が下がり、網膜にかかる圧力が低下し、視細胞へのダメージが低減されると考えられています。

この他にも、水晶体の後方と網膜との間にある硝子体は透明なゼリー状の組織ですが、硝子体や網膜を観察するための「硝子体手術用コンタクトレンズ」もあります。硝子体から隅角への房水の流れを良くするために、レーザーで虹彩切開術を行う場合もあります。

この時、レーザー治療に用いるために、眼内にレーザーを導くよう設計されたコンタクトレンズもあります。これらは患者自身が使用するものとは区別された医療機器ですが、眼に直接接するためにコンタクトレンズと呼ばれているのです。

21 コンタクトで網膜からの生体電気信号を検出

網膜はカメラでいうフィルムやCCD素子にあたる部位で、光を電気信号に変換する重要な部位です。眼底一面に広がっている薄い膜状の組織で、光や色を感じる約1億3000万個の神経細胞（視細胞）と、それにつながる神経線維や栄養分を補給する血管などで構成されています。この網膜が剥がれて、視力が低下する病気が「網膜剥離」です。網膜剥離は加齢や糖尿病網膜症が起因したり、また、頭部や眼球への物理的な衝撃が原因で起こることもあります。

この網膜剥離や網膜色素変性症（徐々に視野が狭くなり、視力を失うこともある遺伝性の病気）などの網膜の機能異常を発見するのに有効なのが網膜電図（ERG：Electro Retino Graphy）という検査です。この検査に使うコンタクトレンズには信号検出用のリング状の電極などが埋め込まれています。

ERG検査は、心臓の機能を調べる心電図をイメージするとわかりやすいと思います。網膜の電位変化を記録して、その波形より網膜の働きが正常であるかどうかを調べます。白内障の進行があったり、角膜が濁っているなど、また、硝子体に出血などがあって眼底検査ができない場合にも有用とされています。

その検査方法ですが、暗室にベッドを置き、被験者の網膜に光の刺激が入らない状況下に置きます。これは部屋の光が「雑音」と呼ばれる電気信号とし

ERG検査

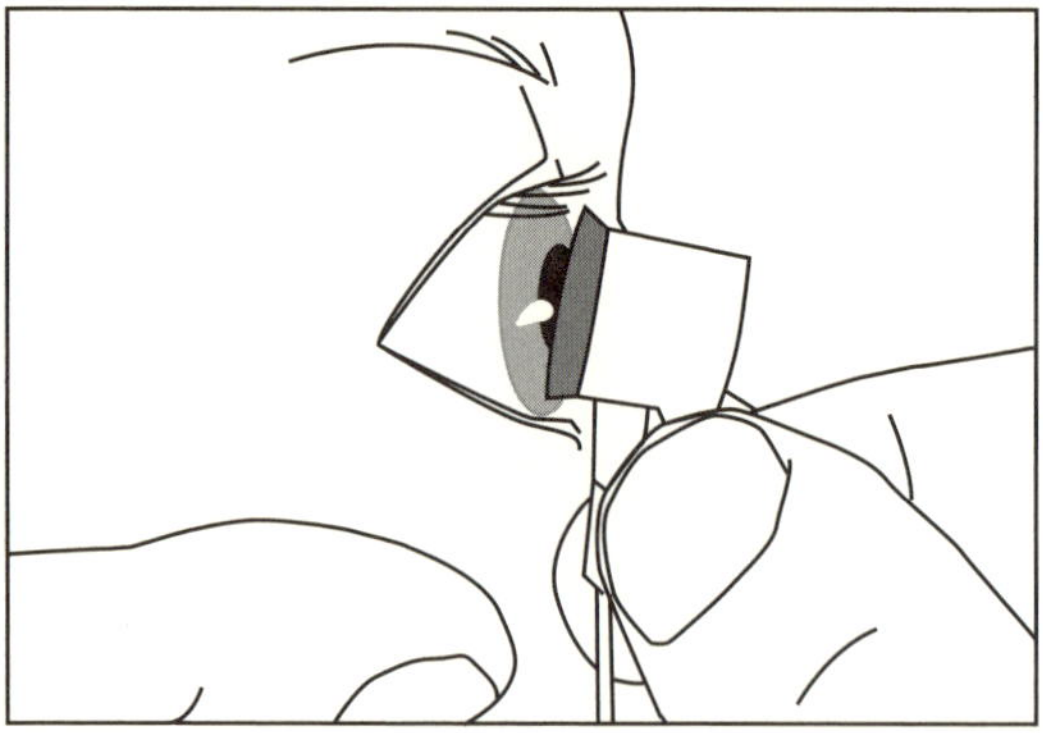

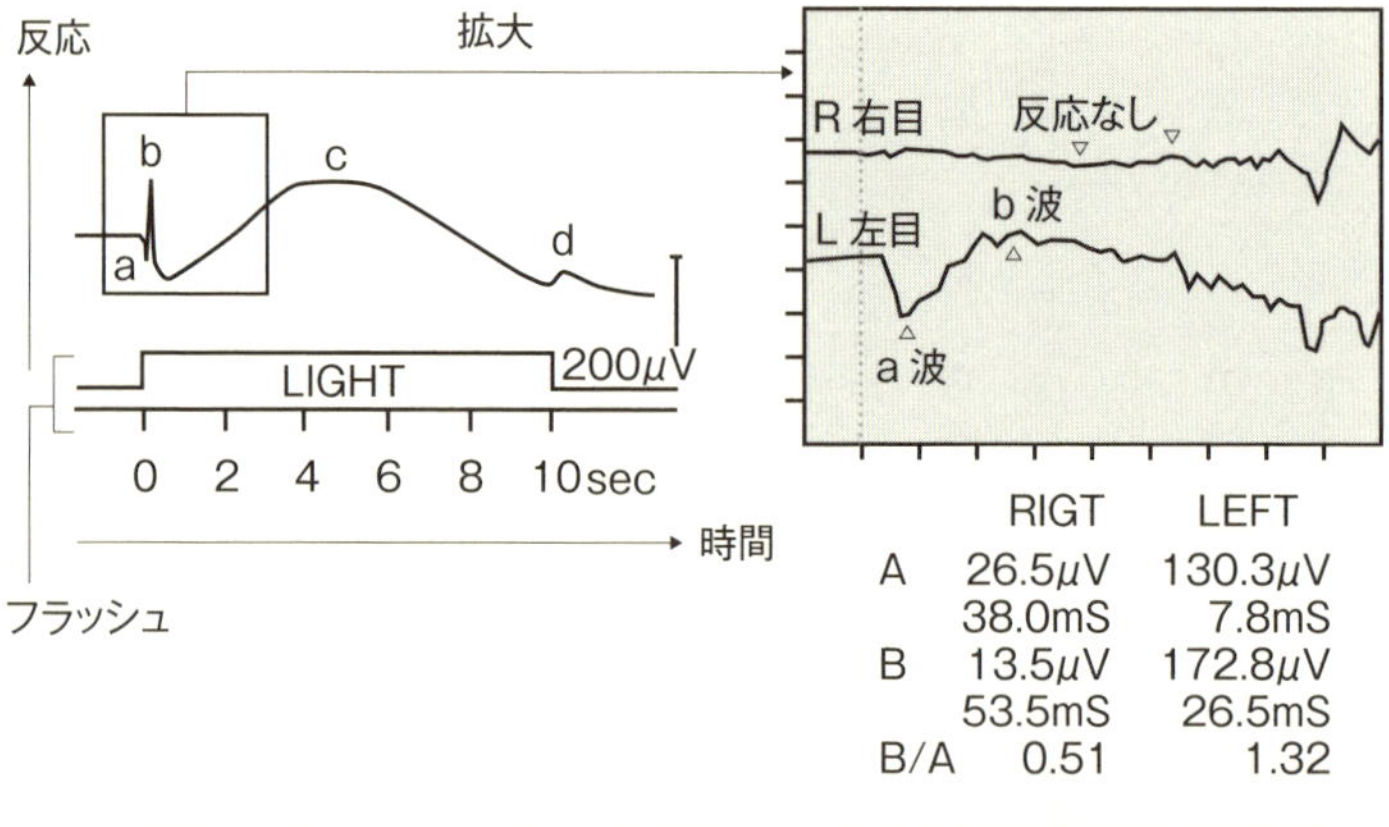

中心部は透明又は乳白色アクリル樹脂、周辺部は黒色又は透明及び乳白色アクリル樹脂、あるいは全部が透明又は乳白色アクリル樹脂製で、レンズ凹面に金線又は白金線を埋め込みこれを関電極としたレンズ、及びレンズ周辺部にも金線又は白金線を埋め込みこれを不関電極とし、共にレンズ凸面に開瞼器を兼ねたパイプを通してリード線と接続されたレンズ製品。

て現われしまうためです。

　まず、点眼麻酔をしてから電極を埋め込んだコンタクトレンズを装着します。その後、眼球内の網膜にフラッシュ光（光刺激）を与えます。これにより網膜が正常であれば、角膜との間にある電位（静止電位）に変化が生じるため、この電位変化を増幅し記録するのです。電位変化がフラッシュ光の初期から大きく低下する、あるいは消失するなどがみられると、網膜色素変性症の典型的な特徴として捉えることができます。この検査では波形が平らになる特徴があります。本来、光の刺激に対する波形は、順応状態・光刺激の強さ・色・持続時間・網膜の刺激部位などで多様に変化するため、様々な部位の異常を見出すこともできます。

　最近では、従来のＥＲＧ装置と比べて非常に小型化されて手持ち式になりました。さらに、眼の下部の皮膚に電極を張り付ける方法でも簡便に測定できるようにもなりました。コンタクトレンズ型の電極では検査が難しかった小児などでも検査が可能になったのです。これと似たような検査法には眼電図（EOG：Electrooculogram）があり、眼球は角膜側に「正」の電位、網膜側に「負」の電位が帯電しています。これを眼窩周辺に電極を貼付することで、眼球回転などの変位による眼球の動きを電位変化より検出できます。

　人の体から生体信号を検出す方法には複数あり、今後は視機能検査とコンタクトレンズを組み合わせた、新しい情報を取り出す製品開発も期待されます。

一口メモ

網膜の機能異常を発見することができるコンタクトレンズがある。

22 まだまだある特殊コンタクトレンズ

これまで、単なる「コンタクトレンズ」の形状・機能を変えて、様々な病気や疾患に対応するコンタクトレンズを見てきました。しかし、コンタクトレンズの科学者・技術者たちは知恵を絞り、世の中にはまだまだ特殊なコンタクトレンズが作り出されています。ここではそのいくつかをみてゆきます。

ピギーバックコンタクトレンズは〝pick a pack〟「背負う」を意味する、肩や背中に荷物を背負って運ぶことを示す英単語からなるコンタクトレンズです。ソフトコンタクトレンズの上にハードコンタクトレンズを乗せて使用するために、このような名前がつきました。「円錐角膜」という、角膜が尖った形に変形してしまう病気があります。この視力を補正するためには、通常はハードコンタクトレンズが使われますが、尖った角膜とレンズがこすれて痛みを感じることが多いのです。そのため、ソフトコンタクトレンズの上にハードコンタクトレンズを乗せて、この痛みを緩和させるのがピギーバックコンタクトレンズです。

ハードコンタクトレンズを用いて、この擦れによる痛みを緩和させる方法もあり、多段カーブハードコンタクトレンズを用いる方法です。複雑な角膜の形状に合わせて加工するため、高度な加工技術が必要です。

その他の特殊用途向けの眼底血圧を測る特殊なコンタクトレンズ「コンタクトレンズ オフサルモダ

イナモメーター」は、前々項の「検査用コンタクトレンズ」に圧力センサーを埋め込んだ検査用コンタクトレンズです。眼底血圧とは網膜中心動脈の血圧を指します。網膜動脈と脳動脈は内頸動脈（ないけいどうみゃく）の分枝であるため、網膜動脈の血圧を測定することによって、脳動脈の血圧を推定することができるのです。眼底血圧の正常値は、最高圧、最低圧ともに上腕動脈の血圧の約50％前後です。この測定により、最低圧は眼内循環あるいは脳循環の抵抗を示し、これが高いと網膜や血管を傷つけていくとされています。

ピギーバックコンタクトレンズ

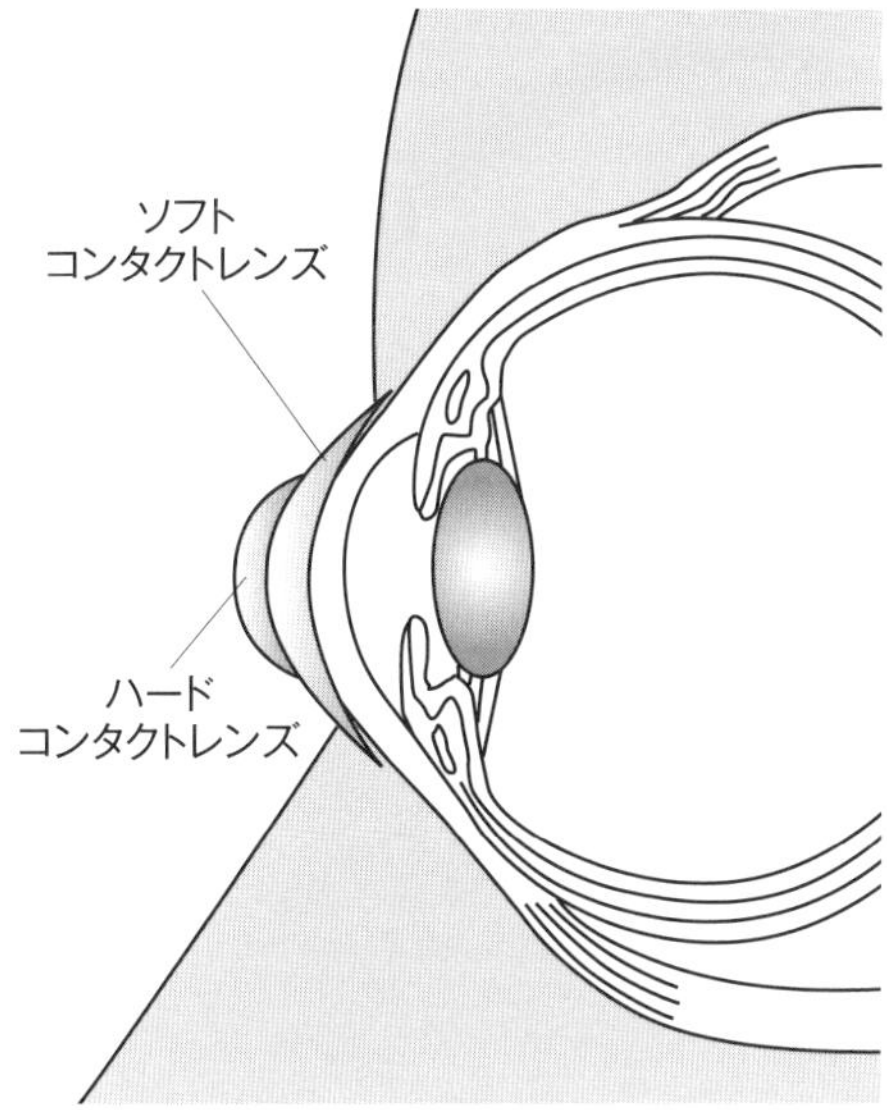

また、コンタクトレンズにコイルを巻き、誘起された電圧によって生じる、交流磁場を検出することで、眼球運動を検出するコンタクトレンズもあります。眼球運動の２次元・３次元測定や、実験目的で振れ幅の大きな眼球運動を精度よく検出することが必要な場合、この〝Scleral Search Coil〟によって測定が可能です。これは目の動きをトラッキングする目的で作られたコンタクトレンズですが、現在は非接触で瞳孔の反射光を計測する方法などに置き換わり、ほとんど使用されなくなっています。

これらの製品は、いずれも既存の技術により実用化に至った特殊なコンタクトレンズです。

円錐角膜用多段カーブハードコンタクトレンズ

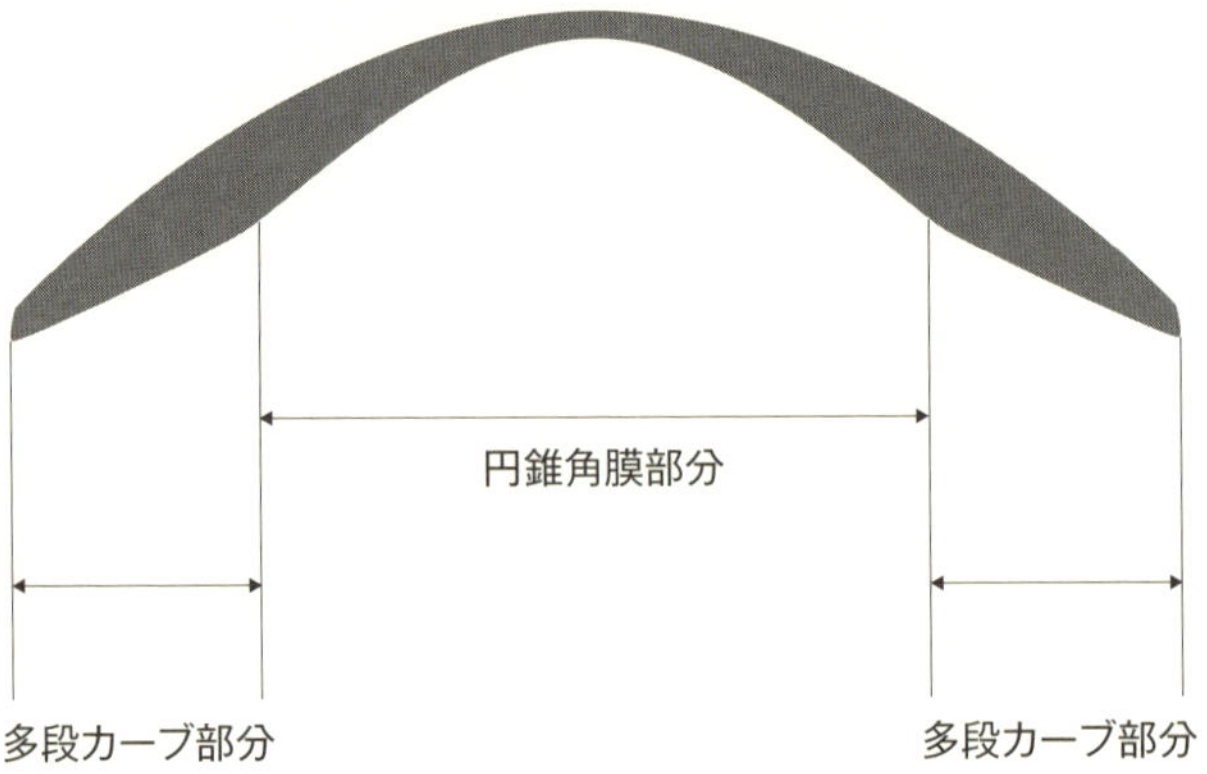

コンタクトレンズ オフサルモダイナモメーター

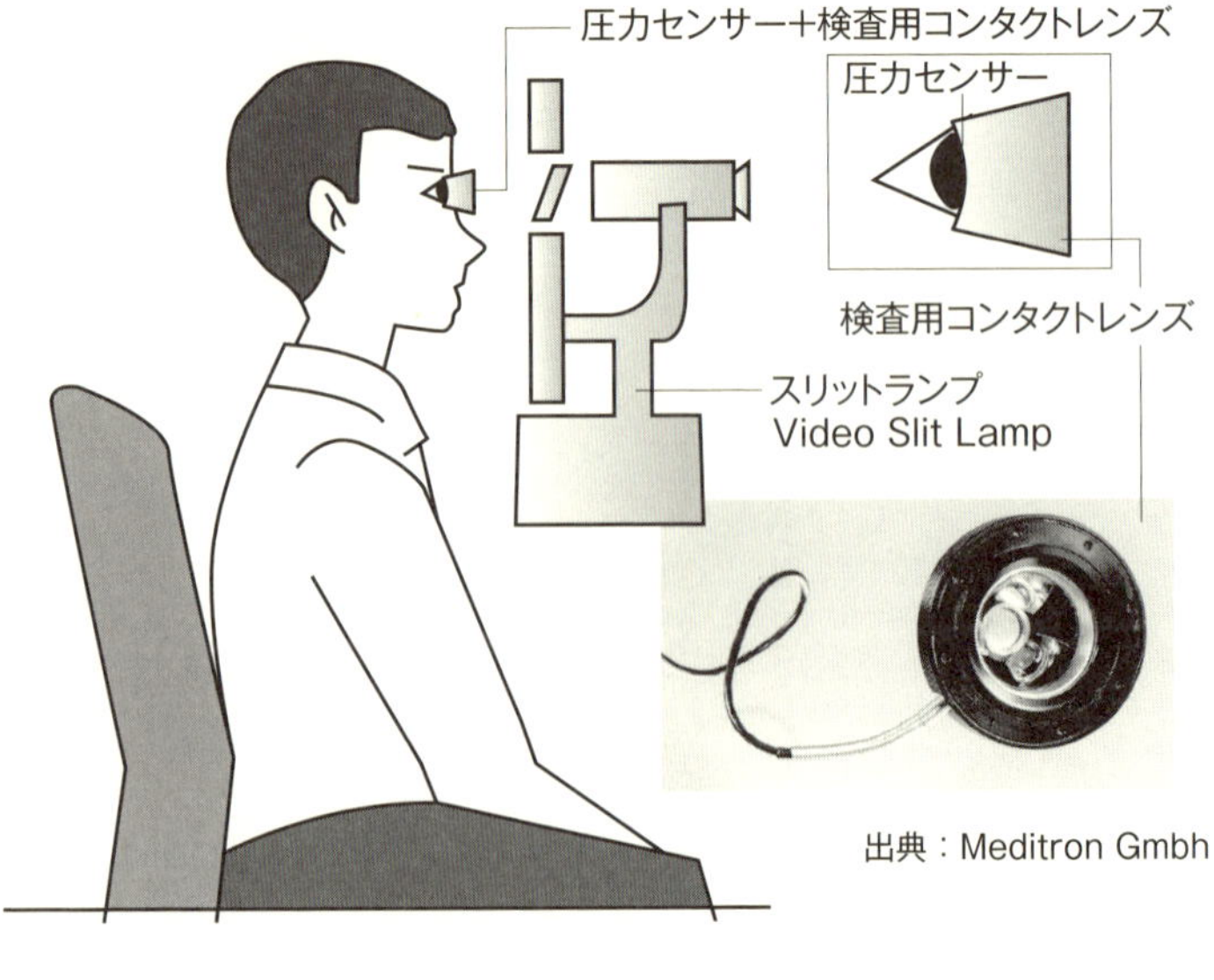

出典：Meditron Gmbh

第3章

眼鏡もずっと進化を続けている

23 発明者不詳、眼鏡は拡大鏡から進化した

視力補正器具の代名詞ともいえる眼鏡は、誰が発明したのかもじつはよくわかっていません。眼鏡の前身となる最古の現存するレンズは、現在のイラクにある、紀元前7世紀の古代アッシリアの墓より発見された水晶のレンズであるというのが通説でした。現在は大英博物館に所蔵されています。このレンズは研磨された水晶の平凸レンズで、発見時は太陽光を集めるためのものといわれていました。しかし、大英博物館の解説によると、「光学用のレンズと見なされてきたが、実用性はなかった」とのことで、「研磨されており、光学性能は持っているが、それは偶然であった」と記されています。これは、家具用などの装飾品であると結論付けられているのです。

それでは、光学技術が理論的に発展したのはいつごろからなのでしょうか。

光学の分野で大きな業績を残し、「光学の父」と呼ばれたイブン・アル＝ハイサム（965〜1040年）は、イラクの都市バスラで生まれ、バグダッドで科学を学びました。彼の発明品の一例としてカメラ・オブスクラ（camera obscura）という、現代のカメラに相当するピンホールカメラがあります。

また、人間の眼についても詳細な描写を行い、両眼視の仕組みについても解明を試みています。光の屈折に関する法則を発見したり、反射光学に関する

最古のレンズとされた、実は装飾品

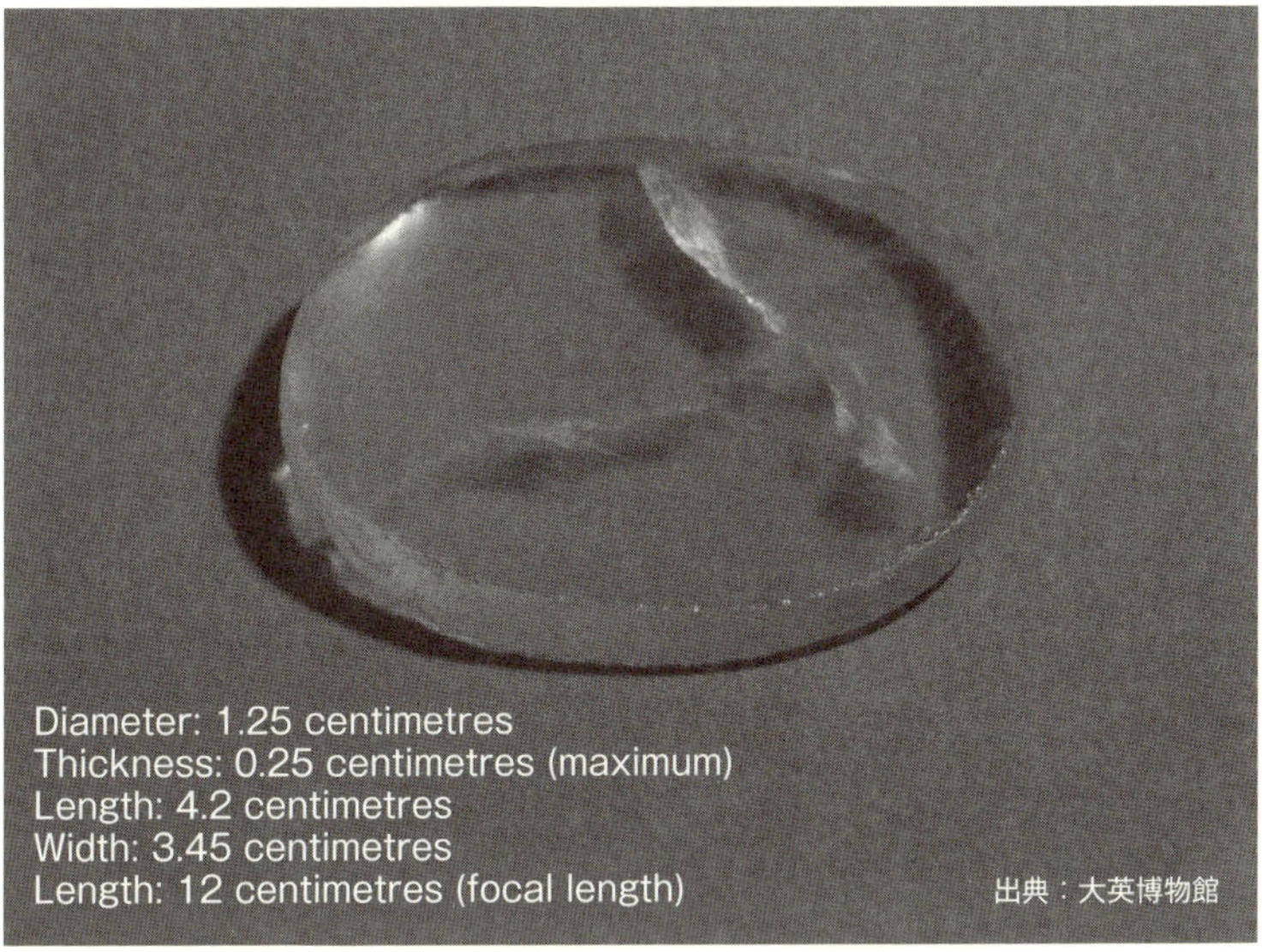
Diameter: 1.25 centimetres
Thickness: 0.25 centimetres (maximum)
Length: 4.2 centimetres
Width: 3.45 centimetres
Length: 12 centimetres (focal length)
出典：大英博物館

ピンホールカメラ

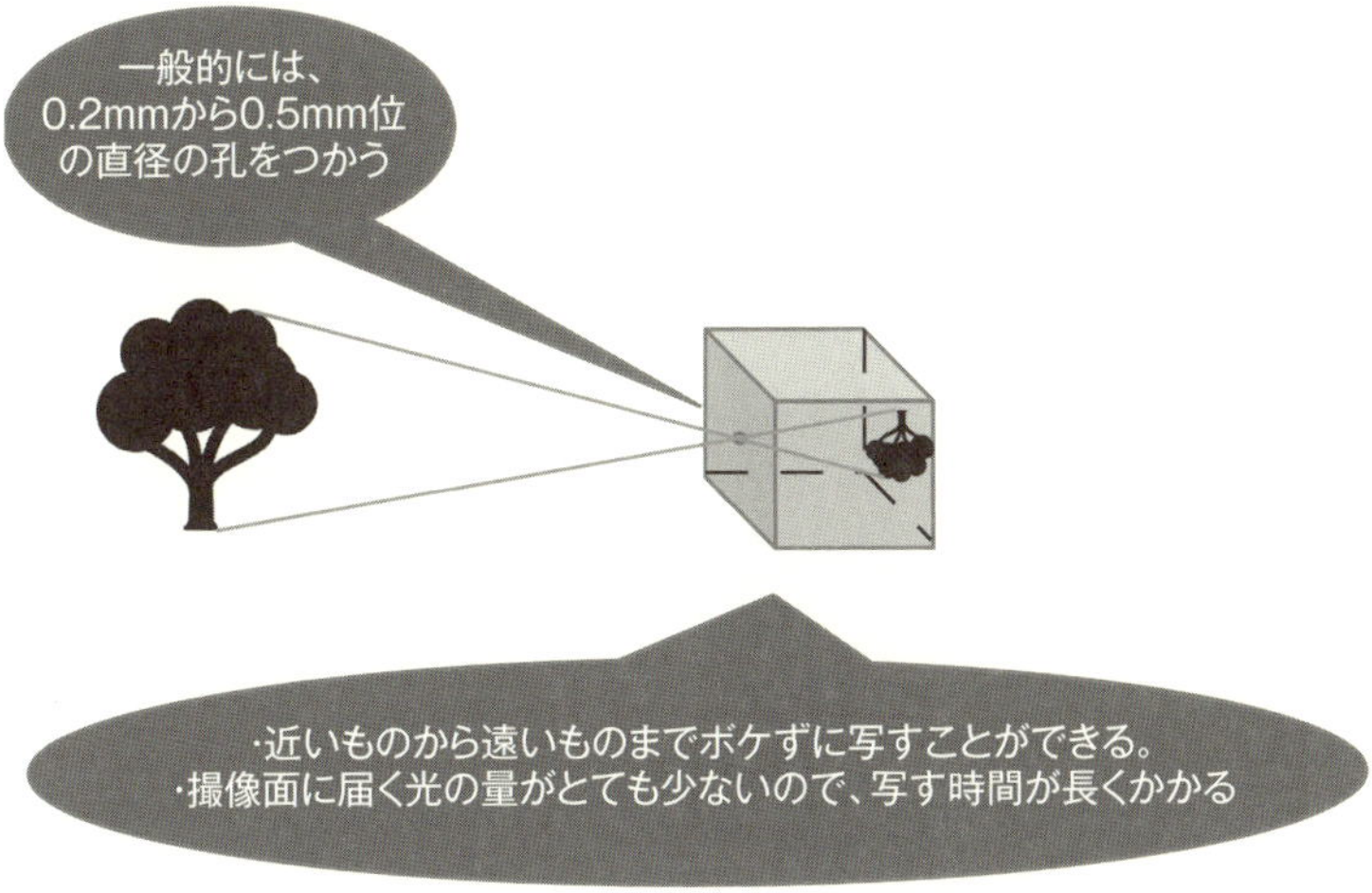
一般的には、0.2mmから0.5mm位の直径の孔をつかう
·近いものから遠いものまでボケずに写すことができる。
·撮像面に届く光の量がとても少ないので、写す時間が長くかかる

研究においては球面鏡や放物面状の鏡を用いて球面収差（第一章9項：広い光束の光線が一点には集まらず、前後にばらつく）を調べるなど、多くの推論や実験により光学や眼球光学系を数値モデル化するのに必要な基礎理論を築き上げました。

　これを契機として、13世紀の中頃になると、イブン・アル＝ハイサムが書いた著書に触発され、眼鏡の開発が盛んになったとされていますが、これらは視力補正用のレンズでありませんでした。本を読むために「リーディングストーン」という石英ガラスや、水晶でできた平凸の半球型レンズで、物体を拡大して見る現在の拡大鏡のようなものでした。本の上に直接のせて文字を拡大して読むために使用されていたと言われています。

　眼鏡は13世紀後半にイタリアで発明されたと考えられています。その当時、レンズ素材として透明度の高いガラスはベネツィアン・グラス（イタリアベネチア産ガラス）がとても品質が高く、光学性能が優れていたためです。現在でも、過去の記録などを元にこの眼鏡の発明者を探す研究がされていますが、未だ見つかっていないのが現状です。いずれにせよ、「光学の父」イブン・アル＝ハイサムの光学理論が、レンズ技術の進化と共に、今日の眼鏡の発展の礎となっていることは事実なのです。

こんなに便利で広く
使われている眼鏡の
発明者がわからない
なんて不思議だね！

24 かつて「牛乳瓶の底」のように厚かったレンズが今や極薄に

強度の近視や遠視用の眼鏡を掛ける場合、レンズに強い度数を加える必要があるため、レンズのフロント面（前面）やベース面（後面）のカーブ（曲率半径）を大きくしないといけません。そのため、コバ厚と呼ばれるレンズの周辺部分の厚さも厚くなり、それにより度数が高くなるにつれて、重さも増すこととなります。

かつて、強い度数のレンズは「牛乳瓶の底」のようにたとえられることもありました。この状態を避けるために、いくつかの工夫があります。レンズが大きくなればなるほど、フロント面とベース面の厚み差が増すために、なるべくレンズの厚みを薄く保ち、レンズのサイズを小さくすることでコバ厚を薄くすることが可能となります。また、一般的にはガラスのレンズ素材は屈折率が高いため、光線を強く曲げることができるので、プラスチックのレンズ素材よりも薄く仕上げることができるのです。ガラスレンズの素材は傷がつきにくく、人が感じる光である視感透過率が高い傾向にあります。視感透過率とは可視光線（５５０ナノメートル付近）が、レンズを透過した場合の可視光線の透過する割合です。つまり数値が大きいほど透明であり、明るく見えることとなります。その一方でガラスは、重いというデメリットもありますが、屈折率の高さでそれを補うのです。プラスチックとガラスのレンズの重さを「比重」で比較するとわかりやすいでしょう。

眼鏡の厚さと重さ

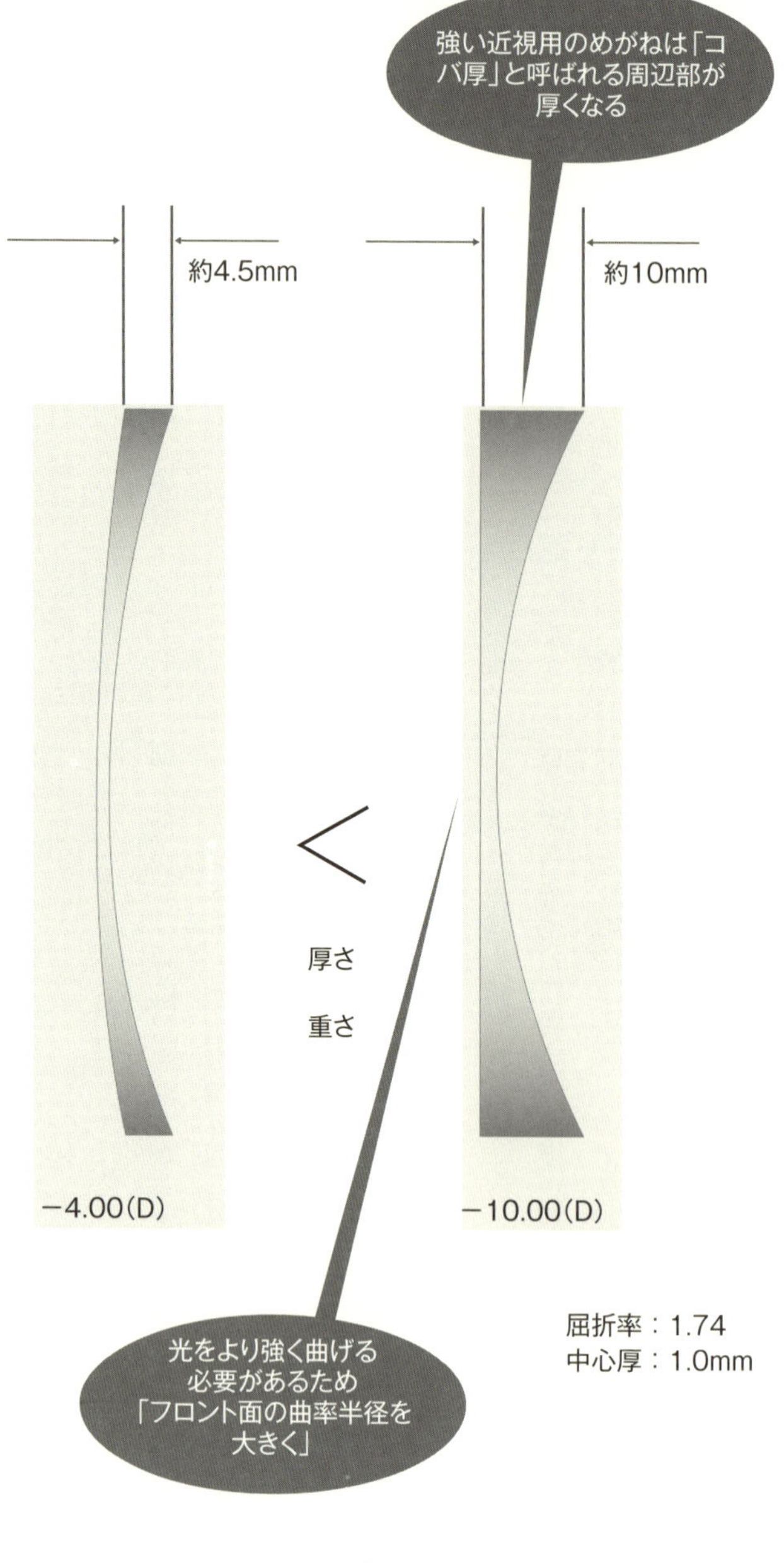

強い近視用のめがねは「コバ厚」と呼ばれる周辺部が厚くなる
約4.5mm
約10mm
厚さ
重さ
−4.00(D)
−10.00(D)
光をより強く曲げる必要があるため「フロント面の曲率半径を大きく」
屈折率：1.74
中心厚：1.0mm

「比重」が１よりも大きい物質は水に沈み、１よりも小さい物質は水に浮きます。一般的なプラスチックレンズの比重は１・０～１・５程度ですが、ガラスレンズは２・５～５・０近くのものも存在します。これは、石英などのガラスは鉱物として採掘され、原子量の大きな元素を含む鉱物は比重が大きいためです。比重が重いガラスでも屈折率が高くなるため、前述のとおりレンズを薄くすることが可能となります。プラスチックレンズでも一番高い屈折率では１・８程度となっています。

眼鏡レンズの特徴

ガラスレンズ	プラスチックレンズ
光学、耐熱性能に優れる	熱に弱く傷がつきやすい
傷がつきにくいが 割れる可能性がある	割れにくい
重い	軽量
曇りやすい	曇りにくい
透明度が高い （視感透過率が高い）	様々な色に染色できる

近年ではプラスチックのレンズ素材でも超高屈折のレンズや、非球面設計のレンズの開発により、レンズ厚みを薄くする改良が進んでいるのです。さらにコーティング技術により傷がつきにくくなるように、レンズ面を保護し、「傷防止コート」などの加工技術が加えられています。

現在では牛乳瓶もあまり見かけなくなり、眼鏡レンズも高屈折化や軽量化が進んでいます。いずれ、「牛乳瓶の底のようなレンズ」も死語になってしまうかもしれません。

25 七色に見える虹と眼鏡の虹色の関係は

誰もが目にしたことがある虹ですが、七色に見える虹と眼鏡のコーティングの反射光や眼鏡レンズ表面の虹色には似たような関係があります。それは、どちらも光を反射や透過した際に色が分解されたように見える色なのです。ニュートンが「虹は7色である」と主張したなど、虹の色については諸説あります。ニュートンによるプリズムの実験で、光の分光が発見されたことにより、虹は光が波長の違いによって発生する効果であると解明されました。

さて、虹は雨上がりの空に発生しやすい天然現象ですが、その発生はある条件が成立した場合に限られ、このときの雨粒の大きさは約1ミリメートル程度であることが綺麗に見える条件となります。雨が降る際は、空から落下する雨粒の水滴は表面張力により面積をより小さくしようと「球」状態になりますが、この大きさを超えてくると、重力など別の要因により球状が崩れ、水滴の内部で綺麗に光の反射が起こらなくなります。このように、雨粒はできるだけ「球」（真円）に近い形になっているのです。雨粒に太陽光が入射した際図のように屈折⇩反射（全反射）⇩屈折を繰り返し、波長ごとの屈折率の違いにより雨粒から光線が出るときには、人間が識別可能な赤から紫色に分かれて見えるのです。光の波長が異なると屈折率も変わるため、光線が物質に侵入すると、一般に、波長が短い（振動数が大きい）光のほうの速度が遅くなるためです。太陽光が

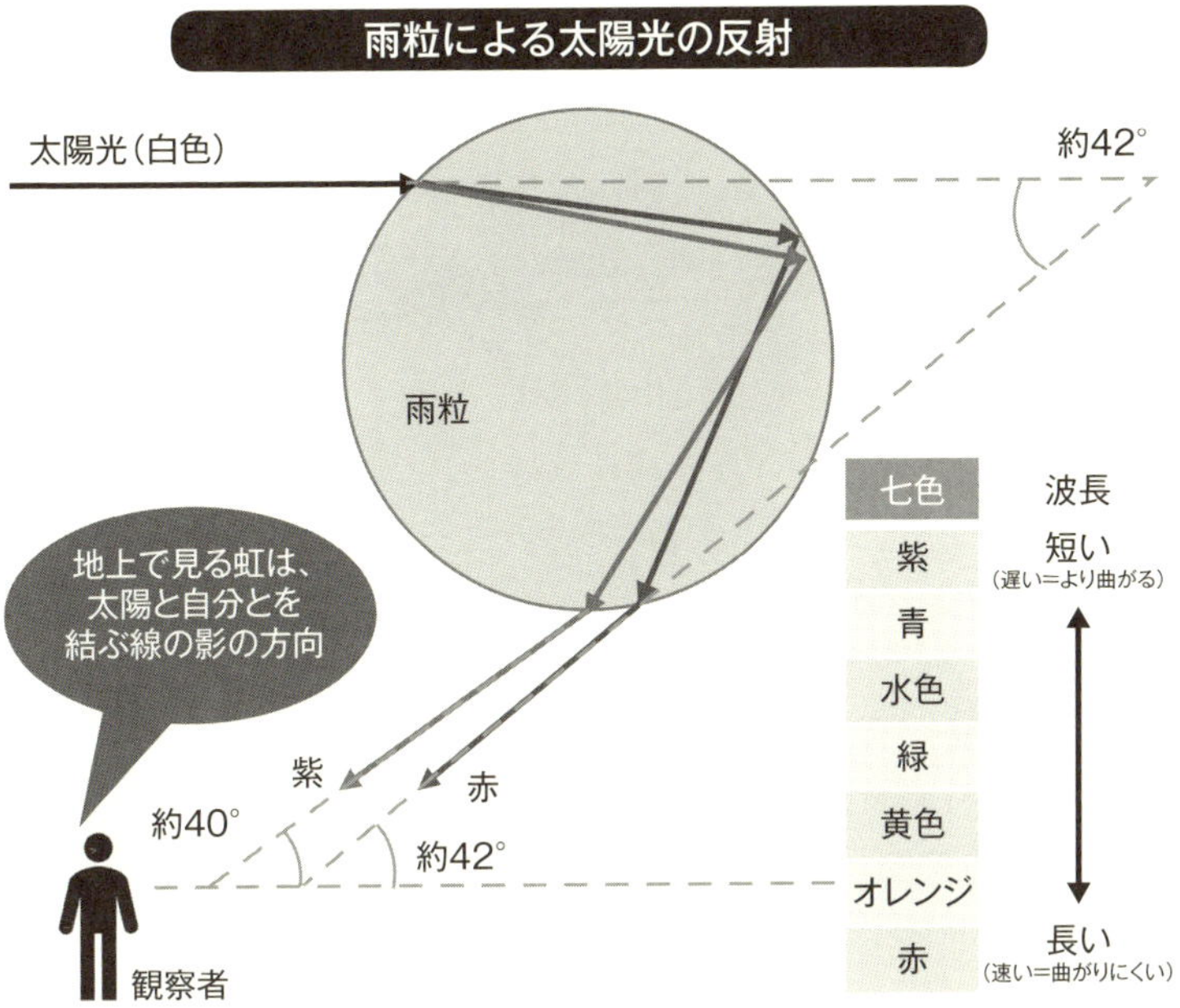

水平に雨粒に入射した場合、虹は人間の眼で感知できる紫から赤の中で、波長の長い赤色が約42度、波長の短い紫色が約40度のズレとなり、ずれる角度を偏角と呼びます。この偏角により赤色が外側、紫色が内側となって見えるのです。

それでは眼鏡の虹色はどうでしょう。レンズの屈折率の測定には15種類のスペクトル線を用いて測定します。入射した光線が波長ごとに別々に分離される現象を「分散」といいますが、媒体の屈折率が波長によって異なることによって発生するため、どの波長で測定したかを明確にしておく必要があるのです。これが眼鏡のレンズ表面の虹色と大きく関係しており、「アッベ数（Abbe's number）」または逆分散率と呼ばれる値は、透明体の色分散（屈折率の波長による変化）を評価する指標となるのです。アッベ数の低いレンズや強い度数のときにこの虹色のにじみが起こりやすく、蛍光灯などを見た時に赤や黄

ニュートンの「光学」虹の仕組みより

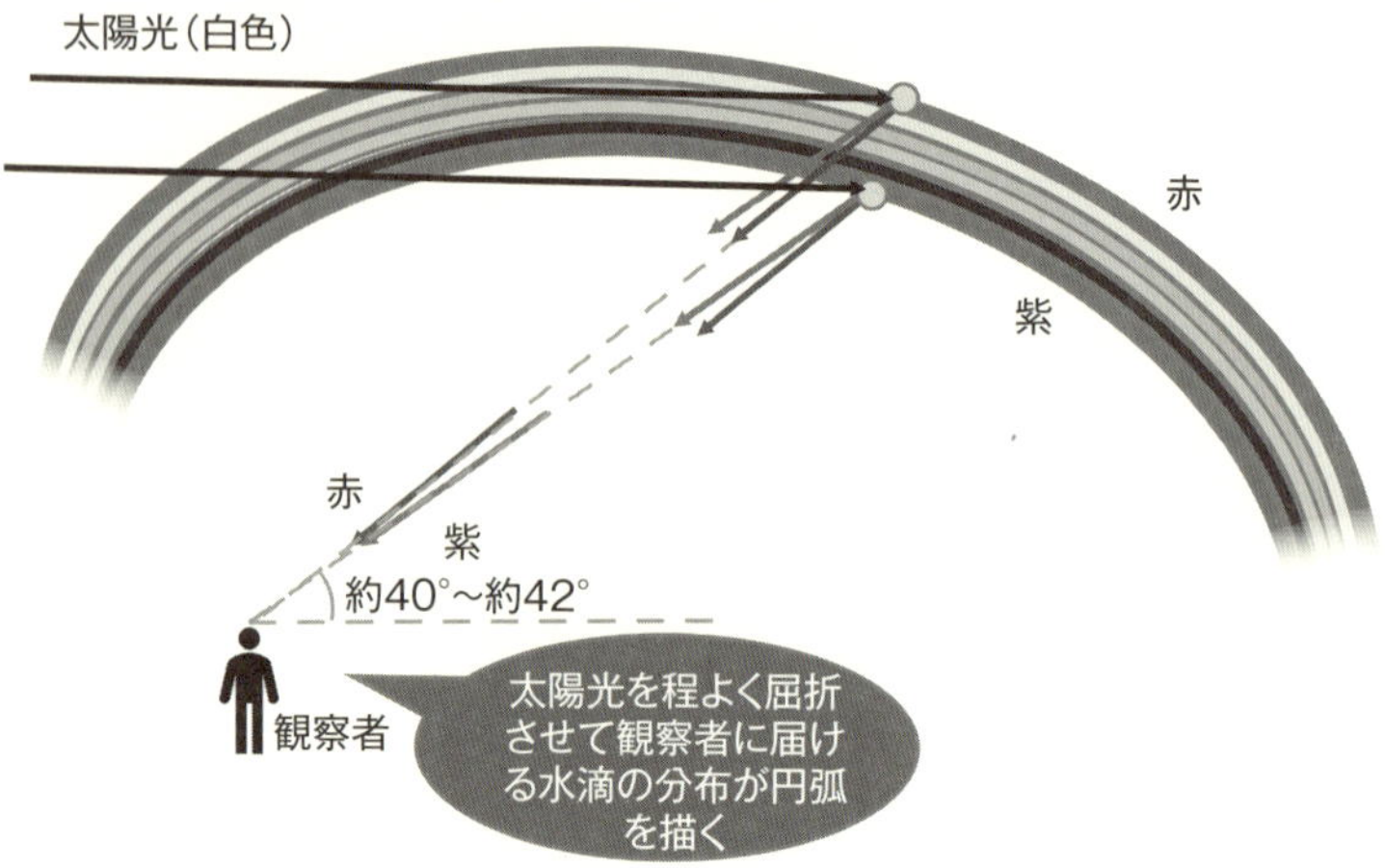

色の色が見えることがあります。屈折率の高いレンズは一般にアッベ数が低くなります。

また、眼鏡のコーティングによる反射光も様々な色がつくことがあります。これはコーティングされた膜と、レンズの境界で反射した特定の波長の光が、眼鏡のフロント面に現れるものなのです。眼鏡のコーティングには傷に対する強度を向上するものや、反射を防止するもの、特定の波長を吸収するものなど多々あります。レンズの表面に見える反射光は、ちょうど虹を見るのと似ている現象なのです。

じつは生物でも特別な色素（色）を持たずに、物理的構造によって光の反射などで発色します。これを〝構造色〟と呼びます。西洋人の青い虹彩、玉虫色、孔雀の羽、チョウの羽、魚の青や銀色など、これらは見る角度によっても微妙な色の変化として現れますが、光の干渉、回折、散乱などによって生じるものなのです。

26 「時は金なり」が生んだ遠近両用眼鏡への進化

ベンジャミン・フランクリン（１７０５年―１７９０年）は、様々な発明や偉業を成しとげた人物として有名です。アメリカの独立を外交交渉で助けた人物で、建国に最も功績があったということで１００ドル札に印刷されて広く知られています。

科学者としては、電気に興味があったため、凧に雷が落ちる実験によって雷が電気であることを立証し、避雷針も彼の発明として知られています。

そんな彼も、加齢により近くの物が見えにくくなる「老眼」になりました。目が悪かったため、遠くを見るときと近くを見るときに、眼鏡をかけ変えることを面倒に思ったのでしょう。それならば、２つのレンズ「遠方用」と「近方用」を半分にカットし、１つのフレームにそのレンズをはめ込もうという発想に至ったのです。彼は、眼鏡レンズを上下で違う設計（度数）のレンズを入れ、現在も使われているバイフォーカルと呼ばれる遠近両用レンズを生み出しました。手元、つまり近くを見るときは下方を見ることが多いため、少しの視線移動（上下の視線移動）で済むためです。眼鏡を付け替える動作時間も惜しんだのです。「Time is Money（時は金なり）」という言葉を作った人物であることでも有名であり、その性格が故に遠近両用眼鏡を開発し、老眼にも打ち勝ったのです。

そんなベンジャミン・フランクリンの発明したバイフォーカルレンズの発明がベースとなり、１つの

累進タイプと近用の小玉部分

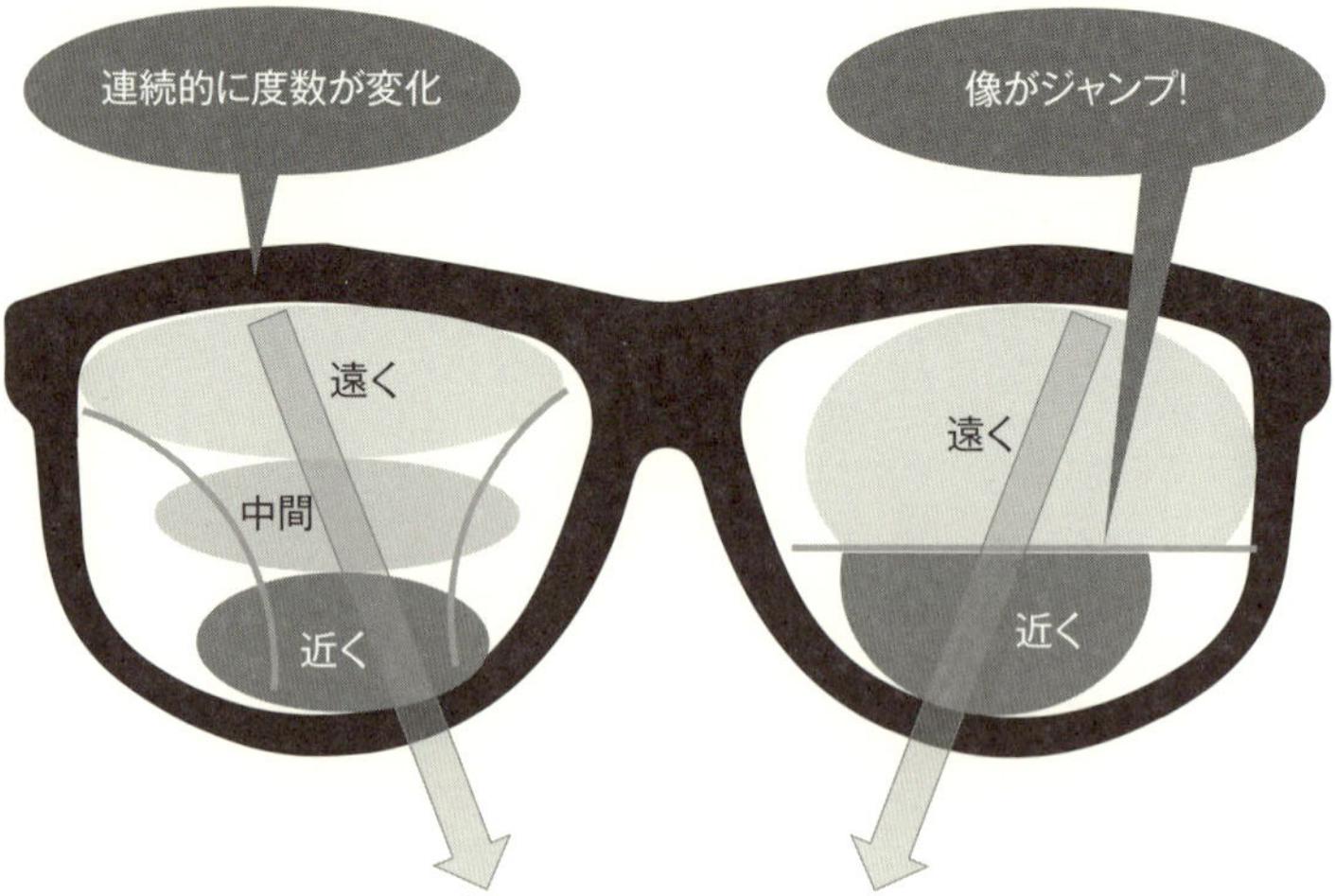

左図：累進タイプ　　右図：近用の小玉部分

レンズで遠くも近くも見えるレンズには改良が加えられてゆきました。近くを見るために近用部分には「小玉」という小さな近用レンズを採用したのです。これでは近くの手元から見える範囲は広くなるのですが、中間から遠くにかけて見ようとする場合には像が境目でジャンプするので、見にくさを感じることがあります。また、遠近レンズの境目がはっきりしているために、明らかに「老眼鏡」を掛けているイメージが定着してしまいます。そこでさらに進化を遂げ、累進レンズ（屈折力分布）と呼ばれる、近くから遠くまで徐々に度数を変化させることで、1つのレンズで遠近両用のレンズとして耐え得る眼鏡へと発展してゆきました。ただその度数の変化のために、掛け始めの際は像が揺れて感じることや、歪みなどの違和感もあります。視野（見える範囲）が狭く感じるといったことがあります。しかしながら多くの場合は徐々に見え方にも慣れてゆきます。

27 時代の変化……デジタル時代の眼鏡もある

デジタル機器を多用するコンタクトレンズ装用者のために設計された眼鏡があります。カールツァイスビジョンジャパン社の「ZEISS EnergizeMe®」です。これは、コンタクトレンズを外した後に目をリフレッシュさせ、快適な視界をサポートする眼鏡レンズです。前節でも記したコーティング技術を応用し、デジタル機器による眩しさを低減し、パソコンなどのディスプレイや人工の光が発するブルーライトによって引き起こされる眼精疲労を防ぐものとなっています。

ブルーライトについては諸説ありますが、網膜に到達する光の中で、紫外線や青い色の光は高いエネルギーを持っているとされており、その波長域はエネルギーの高い３８０～５００ナノメートルです。そのためデジタルディスプレイから発せられるブルーライトは、眼や身体に大きな負担をかけると言われています。このレンズのコーティング技術は、標準的な反射防止プレミアムコーティングに比べて、高エネルギー（短波長）の可視光透過率を低減する上で重要な役割を果たしています。

このリフレッシュ感は、デジタル機器の使用による眼精疲労を軽減することによりもたらされ、モニターテストの結果でも効果が実証されているというのが謳い文句です。

また、レンズの近くを見るための部分の度数を調整することで、デジタル機器の画面を注視する目に

ZEISS EnergizeMe® レンズ設計

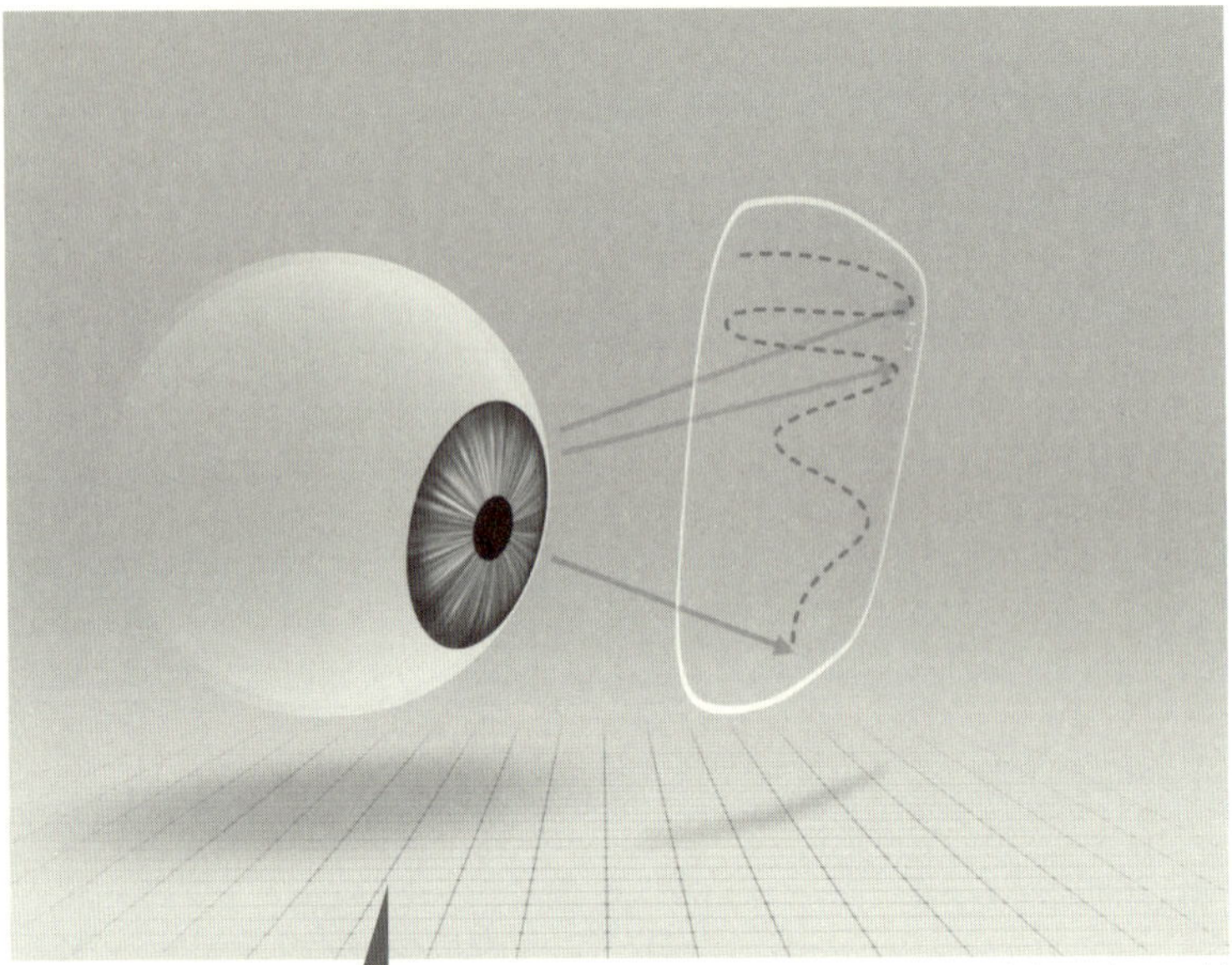

画像提供：カールツァイスビジョンジャパン㈱

光学設計は装用者に特有の視覚行動を反映し、コンタクトレンズを外した後の頭や目の動きなども考慮。

リラックスした視界をもたらすという触れ込みです。

光学設計としてはデジタル社会における視距離の短い作業の際に視覚パフォーマンスが最適化され、ユーザーが快適な視界を楽しめるように設計されています。従来の紙媒体（38センチメートル）およびデジタル機器（35センチメートル）での読書距離に最適化し、眼精疲労を防ぐために特別に開発されています。コンタクトレンズ装用者の大多数がコンタクトレンズの使用後、目を休めるために眼鏡レンズに切り替えているという現状があります。その対策とし

TouchFocus™

画像提供：三井化学株式会社

電子回路がフレームに内蔵されており、フレームサイドのタッチセンサー部に触れて電源を ON にすることで、液晶レンズが作動し、瞬時に遠近が切り替わる。

て、デジタル社会におけるライフスタイルに最適化された眼鏡レンズへのニーズの高まりに伴い開発されたわけです。

また、電子デバイスを用いた眼鏡としては、遠近を電気的に切り替える眼鏡が登場しました。これは電子回路がフレームに内蔵されており、フレームサイドのタッチセンサ部に触れて電源をONにすると内部の液晶をサンドウィッチにした回折格子型のレンズが作動し、瞬時に遠近の切り替えが可能となります。

印加する電圧に応じて屈折率が変化することを利用した最新の遠近両用眼鏡といえます。

駆動はバッテリー式であり簡単に充電が可能です。満充電すると10時間連続使用（ON状態）でき、2018年の春に市販される予定です。電子デバイスを内蔵した眼鏡が国内にも登場するのです。

28 ここまで来た！眼鏡がなんでも教えてくれる

現在、現存する眼鏡の中で、眼鏡型コンピュータ、いわゆるスマートグラスとして一番開発が進んでいるものといえば、「Google Glass（グーグルグラス）」といえるでしょう。これは「ウェアラブルディスプレイ型」の情報表示端末とコンピュータを組み込んだ眼鏡です。ＡＲ（Augmented Reality：拡張現実）として、現実空間に付加情報を表示させ、現実世界を拡張する技術です。完全に目を覆う、「ヘッドマウントディスプレイ型」は、頭部に装着するディスプレイ装置のことで、ＶＲ（Virtual Reality：仮想現実）、ＭＲ（Mixed Reality：複合現実）など仮想空間の情報提示とは少し異なります。

２０１２年にアメリカで製品のテストが始まり、２０１３年に開発者向けに１５００ドルで販売されました。「ok glass」という音声コマンドを発すると、その後につづく命令を実行します。〝ok, glass, record a video.〟の場合はビデオ撮影、〝ok, glass, google [search query（検索語句）].〟で検索、〝ok, glass, send a message to [name（受信者）].〟でメッセージ送信などの機能です。

これだけ高機能な眼鏡でしたが、プライバシーの問題や安全性の問題などを含み、２０１５年に一般向けの販売を見送ることになりました。技術の発展もこのプライバシーの問題をクリアすることができなかったのです。バーやクラブ、一部の店舗やカジノなどでは、Google Glassの利用を禁止しようと

メガネ型ディスプレイの画像提示技術

メガネ型ディスプレイの画像提示技術	画像提示方法の概要
AR（Augmented Reality） 拡張現実	現実空間に付加情報を表示させ、現実世界を拡張する
MR（Mixed Reality） 複合現実	複合現実と呼ばれ、CG などで作られた人工的な仮想世界に現実世界の情報を取り込み、現実世界と仮想世界を融合させた世界をつくる
VR（Virtual Reality） 仮想現実	現実に存在しない空間に人工的な環境を作り出し、あたかもそこにいるかのような感覚を体験できる技術

Google Glass

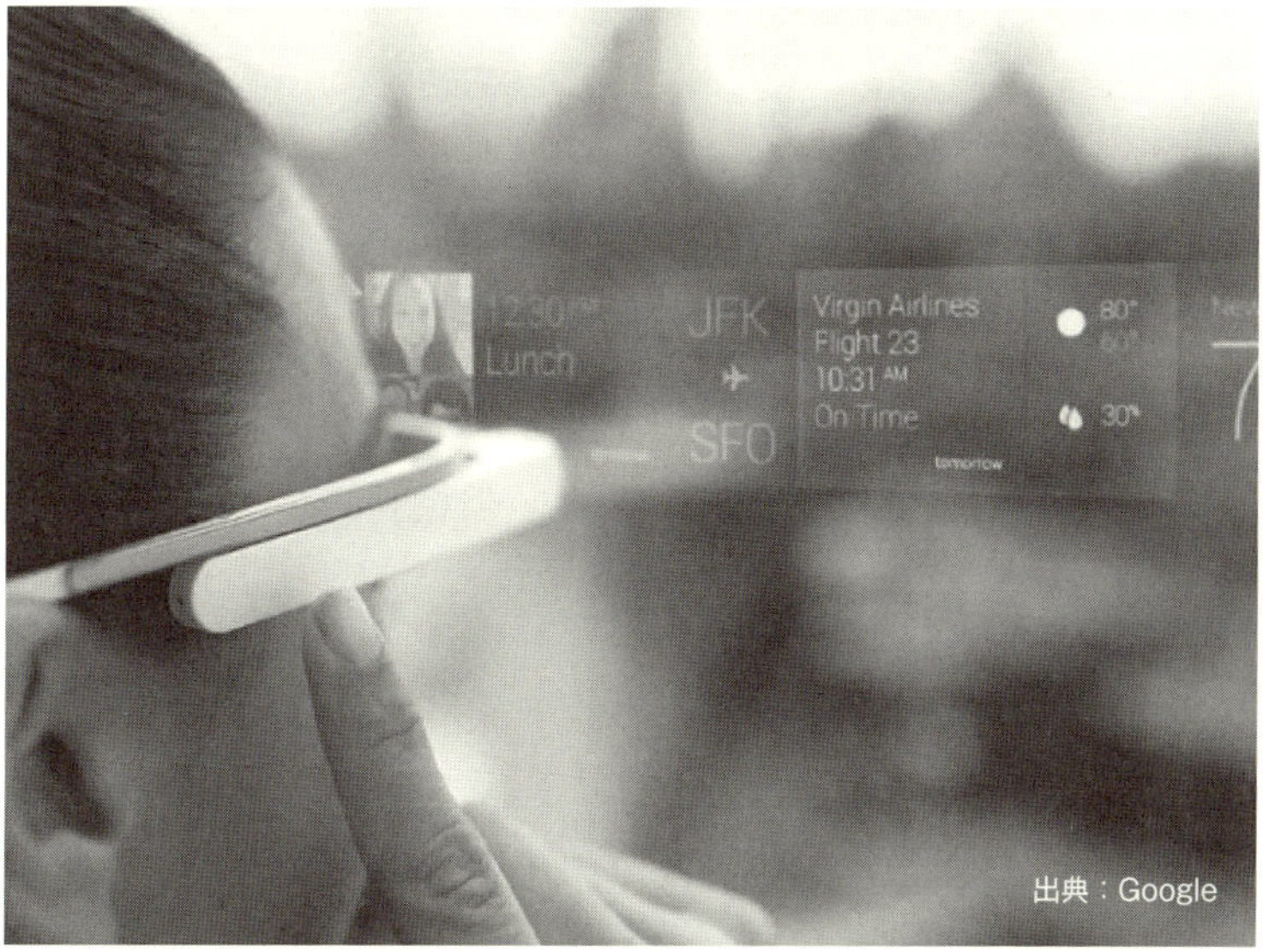

出典：Google

クラウドが頭脳に代わる

いう動きが高まりました。着用していたことが原因で暴行される事件なども発生し、日本でもニュースとして流れました。提示された情報を注視してしまうことで事故が生じる可能性もあります。

しかし、この技術を利用しない手はありません。一般向けには一旦手を引きましたが、業務用として限定販売を続けました。主には製造業の修理や作業補助の情報提示をすることによって製品の不具合が減り、作業効率が上がったとされています。

農業機械製造の組み立て時間の効率化や、輸送のピッキング作業、カルテの記入作業の効率化など、法人向けの端末としてはまずまずの成果を収めているのです。また、医療用途としては視機能の低下を補助するものとしても利用可能です。

他方では、２０１７年のGoogleのＣＥＯによる基調講演では〝Google Lens〟という新アプリケーションが発表されています。Google LensはGoogleの機械学習やＡＩ技術（Google Assistant）をスマホ技術として応用することで、カメラを使って情報提示の技術として活用できるのです。これにより、例えばスマホを向けた花に対して、それが何の花であるかを情報提示できたり、看板に書かれた他の国の言語を訳すことが可能となっています。つまり、これらのアプリケーションを眼鏡に組み込むことができれば、万能に近い情報提供が可能になるかもしれないのです。しかし、前述のとおり、プライバシーに関わるデリケートな問題が、残された課題となるでしょう。

AR、MR、VR と、いろいろな技術がこれからの生活を変えていくんだね！

Column

「空が青い」ことと「使い捨てコンタクトレンズ」の関係

イギリスの物理学者 ジョン・ティンダルは「空が青い」ことに興味を抱きました。19世紀後半の気象学では「空が青い」ことは謎だったのです。ティンダルは「空が青い」ことを簡単な実験で証明してみせたのです。

彼は、直径7cm、長さ120cmのガラス管を用い、これに水蒸気を満たして強い光をあてると、水蒸気が水滴になってガラス管が微細な粒子で満たされることを示しました。部屋を暗くし、ガラス管に光をあてると空と同じように青くなったのです。これにより、大気中の塵や埃が太陽光の短波長の光（青）で散乱・反射し、空を青く見せていることを実証したわけです。

実は、この「空が青い」ことの謎解きが、フランスの細菌学者である、ルイ・パスツールの「生物の自然発生は認められない」ことへの実証材料となったのです。当時、高倍率の顕微鏡をもってしても確認できない、「見えないところから菌」が発生していたのです。ところが、この「空が青い」ことの実証実験により、光学的に純粋で汚れていない空気、つまり「埃やバクテリアなどで、光を散乱しない綺麗な空気からはバクテリアは生じない」ことが証明されました。つまり、大気中の塵や埃にはバクテリアなどの微生物が存在しているのです。これにより、その後、ルイ・パスツールのまな弟子であるシャルル・エドワール・シャンベランの高圧の滅菌によって菌を死滅させるための滅菌器の開発へと発展しました。滅菌された医療機器は安全性が向上し、現在の滅菌医療機器や、使い捨てコンタクトレンズ実用化の原形となりました。「使い捨てコンタクトレンズ」は「空が青い」ことに疑問をもった、ジョン・ティンダルの功績ともいえるでしょう。

第4章

コンタクトレンズ VS. 眼鏡 どっちが……？

29 コンタクトレンズVS.眼鏡……それぞれの特徴は？

コンタクトレンズと眼鏡。主な使用目的は、ともに視力を補正するものですが、人の性格と同じようにそれぞれに個性があり、〝長所・短所〟もあれば、〝できること・できないこと〟もあります。この章ではそれぞれの「特徴」を比較しながら、その技術的な違いや使用方法に着目してゆきます。

まず、「視力を補正する」という主目的から、どのような違いがあるのでしょうか。

誰が見ても明らかに違うのは「装用距離」でしょう。コンタクトレンズは涙液を介して角膜に接触しているのに対し、眼鏡は12ミリメートルを規準とし約10ミリメートル〜15ミリメートル程度、角膜（目）から離れています。これにより眼鏡は前方にある分、レンズを大きくする必要があります。そしてこの大きなレンズを支えるためフレームにより重さが増し、眼鏡の平均的な重さは35グラム程度です。これに対し両眼でも０・１グラム程度のコンタクトレンズは、眼鏡の３５０分の1、つまりコンタクトレンズ３５０枚でようやく眼鏡と同じ重量というわけです。

ところが、コンタクトレンズの材料費が眼鏡の３５０分の１の値段かというと、まったくそんなことはありません。コンタクトレンズの材料は、人体への生体適合性や安全性の確保など、開発費用・生産費用など材料費だけではない別の費用がかかっています。つまり、付加価値のついたレンズ素材を使用しているため、１日使い捨てコンタクトレンズの

CL と眼鏡の屈折補正原理の比較

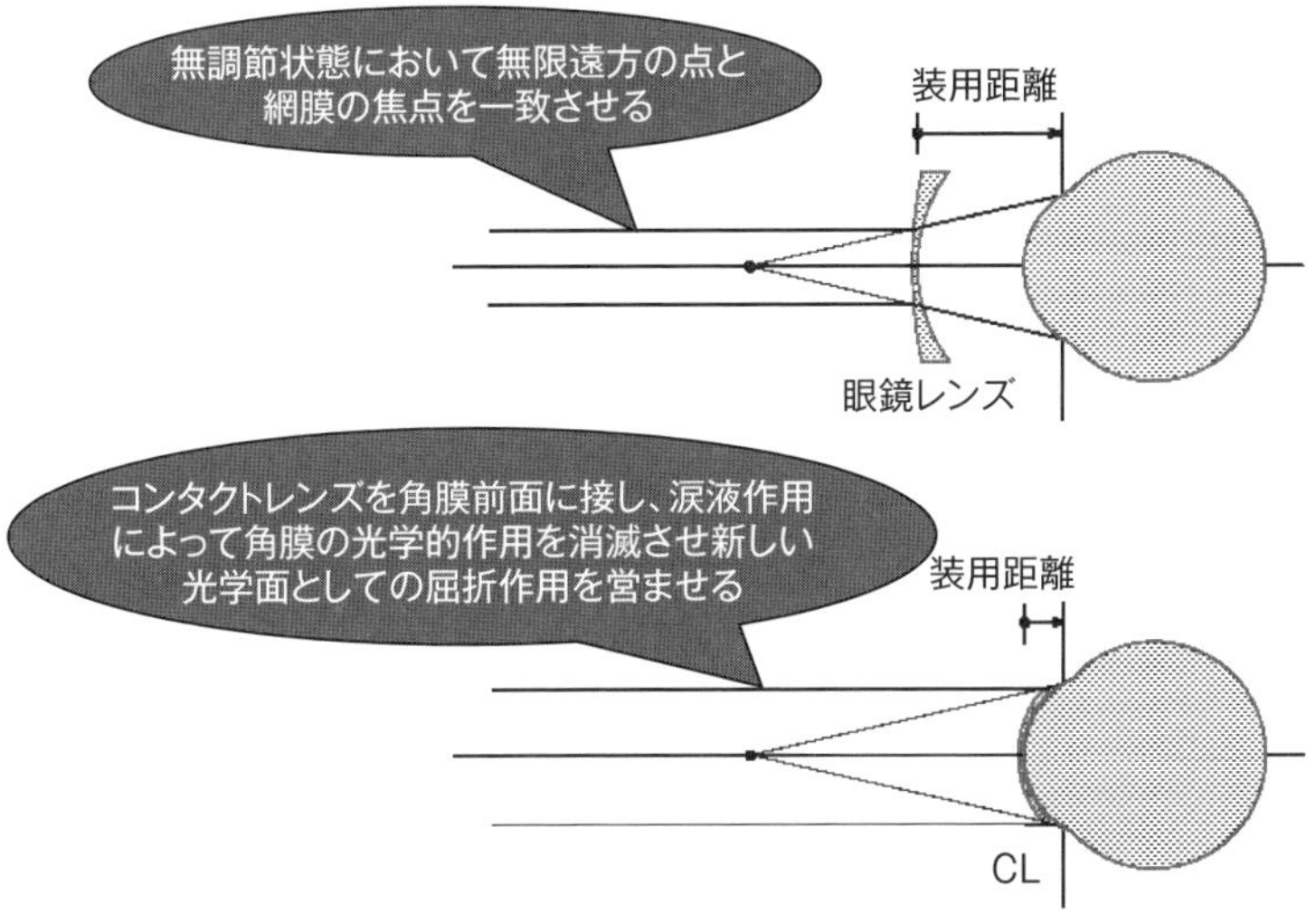

提供：東京眼鏡専門学校

販売価格は１枚でおおよそ１００円程度となっています。

この、装用距離がもたらす「レンズの大きさ」は他にも影響します。

例えばそれぞれのレンズを通して見た、「見え方」の違いとして現れます。近視の凹レンズ眼鏡では実際の像の位置よりも目を動かさずに見ることができるほか、遠視の凸レンズでは像が見えない場所が発生します。

近くを見る場合には、輻輳（ふくそう：両目が同時に内側を向く目の動き）が必要になりますが、眼鏡で、近視眼（凹レンズ）の場合は少ない輻輳で済みますが、遠視眼（凸レンズ）の場合は輻輳を余分にする必要がある、つまり、両目を内側に大きく動かす必要があるため、疲れが出やすいと考えられます。

そして、眼鏡の光学的な性能を発揮させるためには、眼の中心とレンズの中心（光軸）をしっかりと

凹レンズと凸レンズの輻輳について

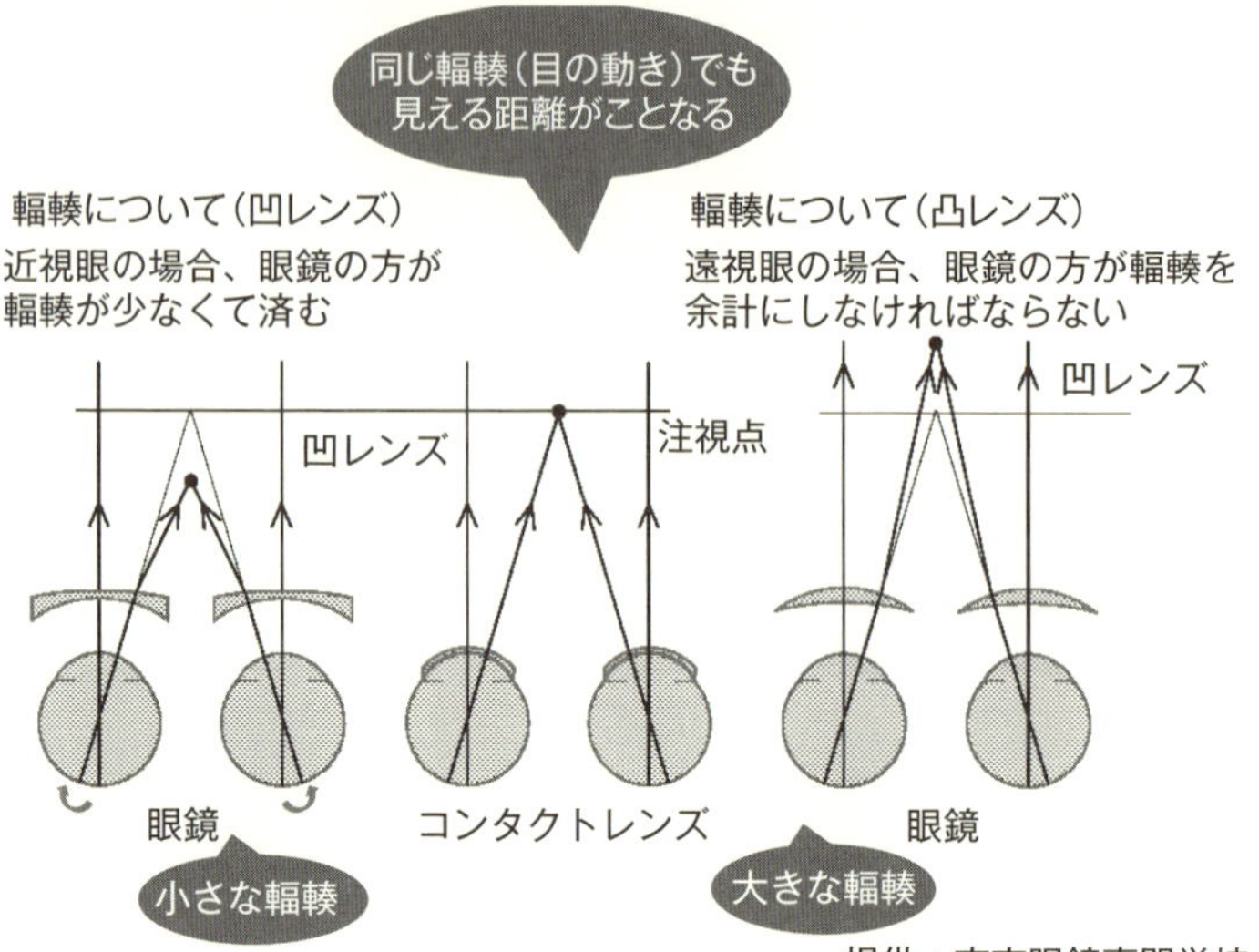

提供：東京眼鏡専門学校

合わせることが重要です。それには両眼瞳孔間の距離であるPD（Pupil Distance）を測定し、眼鏡レンズの中心位置を合わせる作業が必要なのです。眼とレンズとのずれは運動時にも発生します。特に、ゴーグルタイプのように固定されている眼鏡を除いては、眼鏡が運動によりズレてしまうため激しい動きには適しません。

眼球運動の観点からは、近視や遠視用に使用している眼鏡の光学的な特徴にも依存してきます。また、装用感については、眼鏡はノーズパット（鼻で支える部分）やモダン（耳で支える部分）に跡がついたり、不快感を覚えることもあります。

一口メモ

コンタクトレンズと眼鏡はそれぞれに良いところと弱いところがあるから、考えて使うことが大切。

30 より自然な見え方を引き出せるコンタクトレンズ

コンタクトレンズと眼鏡の装用では、どちらが自然な見え方に近いのでしょうか。これは、「眼」＋「レンズ（眼鏡ｏｒコンタクトレンズ）」全体を一つの光学系として考えることから回答が引き出せそうです。

基本的な考え方からすれば、角膜からレンズを遠ざけたり近づけたりすると、度数が強くなったり弱くなったりする事実が存在します。これにより眼鏡装用時の度数と、コンタクトレンズ装用時の度数には差が出てきてしまいます。これは度数が強くなればなるほど顕著に表れるため、眼鏡をつけているときには装用距離で網膜像の拡大倍率が大きく変わってくることとなります。

そのため右目と左目の度数が極端に異なる場合、左右の網膜像の大きさに違いが出るため違和感を覚えることになります。そのような場合はコンタクトレンズをつけることで、左右の倍率差を抑えることができるのです。つまり、左右の度数差が顕著な場合はコンタクトレンズが有利といえます。

また、ソフトコンタクトレンズの場合は角膜上に安定しているため、眼球運動と共にレンズが移動することにより、プリズム効果と呼ばれる作用が極端に小さくなります。これは、視線とレンズの光学中心が合わないときに発生するもので、実際の像と見ているものの位置ずれの影響が少なく、注視野に影響を与えることが非常に小さくなるのです。裸眼に

網膜像の拡大・縮小について

CL装用の場合網膜像の拡大、縮小倍率が小さくなる

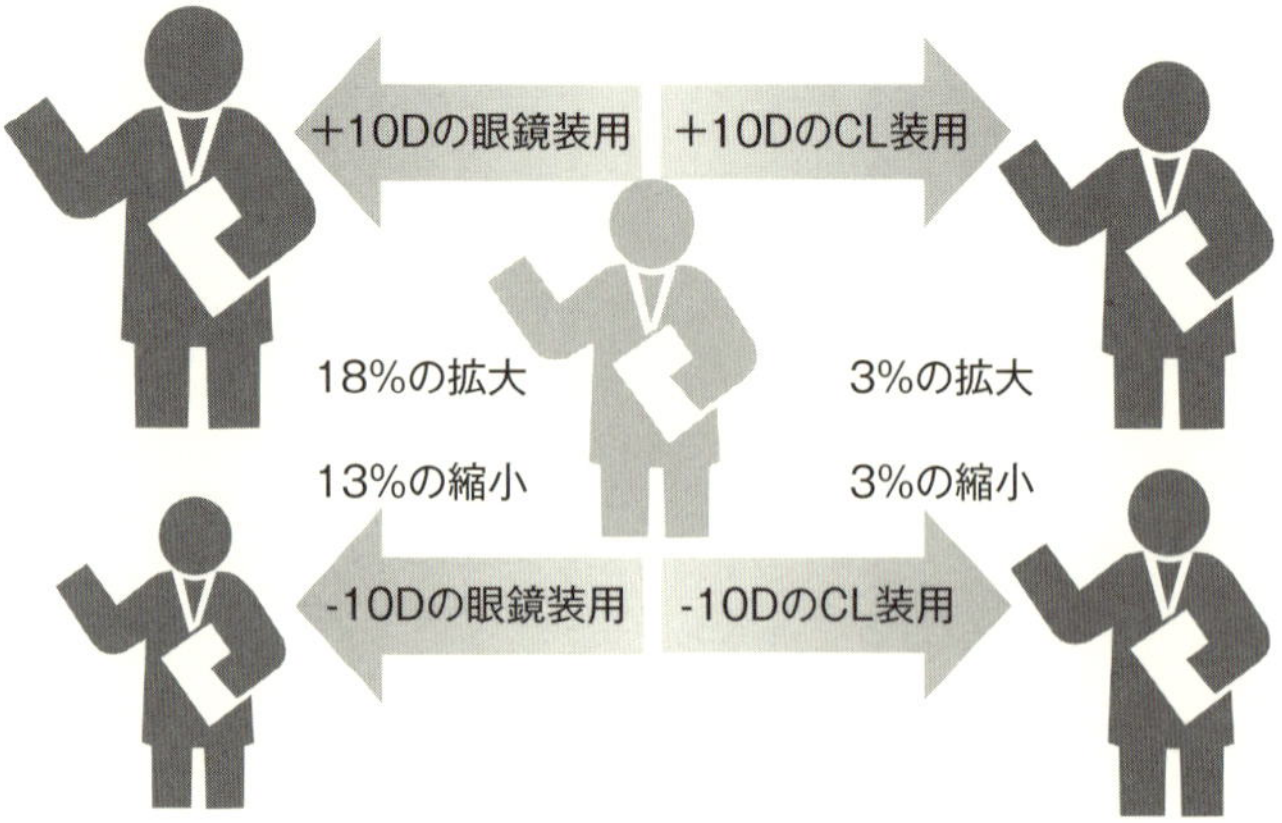

提供：東京眼鏡専門学校

プリズム効果

コンタクトレンズ装用時のプリズム効果

・コンタクトレンズ自体のズレによるもの
・涙液レンズの作用によるもの

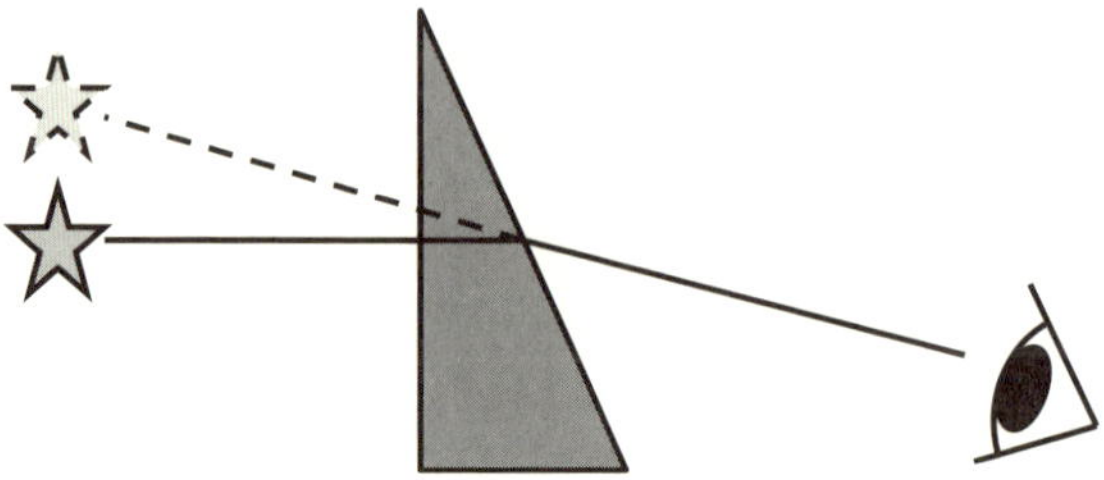

プリズム効果

累進屈折力分布型のレンズ

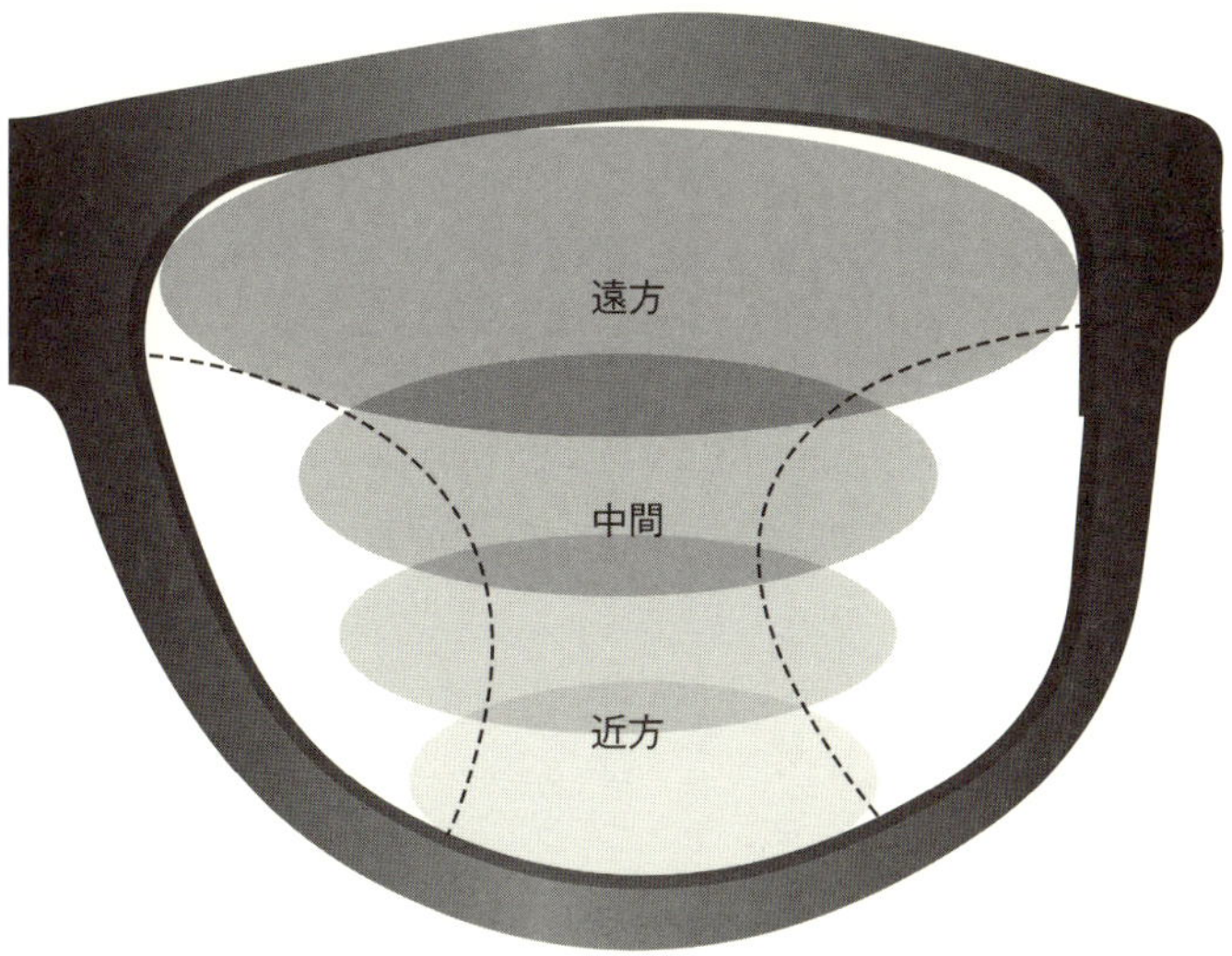
遠方
中間
近方

ソフトコンタクトは眼球が
動くとそれと共に動くから
より自然に見えるんだね

近いより自然な見え方という観点からは、コンタクトレンズの方が有利といえるでしょう。

一方で、遠近両用眼鏡である累進屈折力分布型のレンズのように視線移動により屈折力の選択ができる点においては、眼鏡の方が注視したいものをハッキリ見ることができる場合もあるのです。ただし、累進屈折力分布型のレンズは視野全体の歪が気になる欠点が残ってしまいます。ピント調節をおこなう毛様体の動きと連動した可変焦点レンズが製造できるようになれば、これらの問題も解消しそうです。

31 目が悪くない人にも眼鏡とコンタクト。どっちがオシャレ？

かつて、おしゃれ用の度数を持たないカラーコンタクトレンズ「カラコン」は、法律上の「医療機器」の対象外でした。本来の目的である、「視力補正」をしなかったためです。しかし、このカラコンの登場により、顔貌を整える目的でコンタクトレンズを装用したオシャレもかなり注目を集めるようになりました。黒目を大きく見せたり、瞳の色を変えたりすることのできるコンタクトレンズが、若者に人気のタレントやモデルの利用効果もあり、ユーザーを劇的に増やした時期がありました。ソフトコンタクトレンズでできている「カラコン」については、装用感は良いですが安易な取り扱いにより汚れが付きやすく、細菌などの微生物に汚染されやすいなどの特徴を知らないユーザーも多かったのです。かつては「医療機器」ではなかったため、医師からの指導を受ける機会もなかったためです。そのために不適切な使用でのトラブルが多く、２０１３年頃に社会問題となり、その後「医療機器」として取り扱われるようになりました。

以前は、コンタクトレンズと眼鏡の比較として、どちらがオシャレに飾れるかと問われると…色々なバリエーションの眼鏡で雰囲気を変えられる、眼鏡のほうに分があるように思われました。しかし、カラーコンタクトレンズはオシャレの必須アイテムとして、特に若い女性の間で普及してきたのです。元々、このカラーコンタクトレンズは「黒目」を大

カラコン適正使用 7 ヶ条

カラコン適正使用 7 ヶ条
・購入前は、眼科へ行こう。 ・添付文書をよく読んで正しく使おう。 ・装用期間を守ろう。 ・異常があったら、すぐに眼科へ行こう。 ・友達との貸し借りはやめよう。 ・ケア用品を使ってケアしよう。 ・定期検査は必ず受けよう。

出典：独立行政法人医薬品医療機器総合機構

めがねによる印象の変化

オーバル

柔らかなイメージになる。特に逆三角形の顔の人は親しみやすい印象に。丸顔で童顔に見られたくない人には逆効果

スクエア

シャープで知的な印象に。丸顔の人がかけると大人っぽく見える。顔が四角い人がかけるとより角ばって見えることも

ウェリントン

天地幅が広く、角が少し丸みを帯びた逆台形型。レトロ感が好まれ、最近流行している。顔型をあまり選ばない

ブロウ

レンズの上側のみフレームが付いている。顔をはっきり見せるため、営業やプレゼンなどで相手に自分を印象づけたいときにはぴったり

アンダーリム

下のみにフレームがついている。フェイスラインをより引き締める。長い顔の人がかけると顔の長さが短く見える

きく見せるコンタクトレンズとして発売されました。これは子供や子猫の黒目が大きいほど可愛く感じられるため、それと同じような効果を狙ったものでした。これまでになかった、「黒目を飾るオシャレ効果」が女性の爆発的な人気を得たのです。一度このカラコンを装用してしまうと、お化粧を落とすのが嫌なのと同じように、外すことができないアイテムとなってしまう人もいます。

眼鏡においては以前から「伊達眼鏡」があるように、フレームの形状で印象を変えることが可能となります。「眼鏡をかけると知的に見える」といったように、目が悪いことがより多く勉強をしていたことを連想させるアイテムにもなっていたのです。

カラコンに話は戻りますが、コンタクトレンズ業界は、カラーコンタクトレンズを無視することができなくなるほどの大きなマーケットとなりはじめ、多くのコンタクトレンズ販売メーカーが参入し、「カラコン戦国時代」に突入しました。これによりどちらにオシャレの分があるかは装用者自身と相手の感覚次第となりました。

このカラーコンタクトレンズですが、コンタクトレンズの中にサンドイッチのように色素が印刷されていたり、インナーカラー構造といって瞳に色素が触れないように、コーティングが施されたような構造になっている場合がほとんどです。無理にレンズを擦ったりすると、色素が露出することもあり注意が必要です。また、レンズの環状着色部分には金属系の着色剤を使用している場合があるため、MRI検査を受ける場合や、眼の周りに医療用やエステ用などのレーザー照射を受ける場合には、この金属系の色素と反応してしまう場合があります。ですので必ずレンズを外す必要があります。また、取扱説明書である添付文書を読み、使用方法を守らないと眼障害をおこす恐れがありますので、注意が必要です。

32 塵も埃も、水中でも……コンタクトの元祖 ——強膜レンズの特殊な機能

「強膜レンズ」は、白目部分である強膜を覆う大きなコンタクトレンズです。19世紀終わりにコンタクトレンズが初めて試作されたとき、ガラスを吹いて作ったのがこの強膜レンズでした。「元祖コンタクトレンズ」といえるハードコンタクトレンズです。

この強膜コンタクトレンズの特徴は、レンズが角膜に直接接触しないように涙液で満たされた状態を保つことで大きな威力を発揮することです。角膜に橋を架けるというようなイメージです。この強膜（白目）によって、「橋」であるコンタクトレンズを保持します。これにより、涙液が角膜の不正をほぼキャンセルしてくれるため、強度の円錐角膜の矯正や、屈折矯正手術後、角膜移植や角膜損傷があってもコンタクトレンズが角膜に触れることがないのです。通常のハードコンタクトレンズやソフトコンタクトレンズよりも回転もしにくいため、光学的なズレが発生しにくいので見え方も良好です。また、重症のドライアイでは、眼表面が空気に曝されていることにより、眼表面に障害が起こりやすくなりますが、このレンズを用いると角膜上に満たされた涙液層により角膜が保護されるのです。ただし、レンズと角膜の間に、空気が入ってしまうと効果がなく、コンタクトレンズ装着液や涙液で満たされていないと力を発揮しません。

レンズの大きさは15ミリメートルから18ミリメー

強膜レンズの装用状態

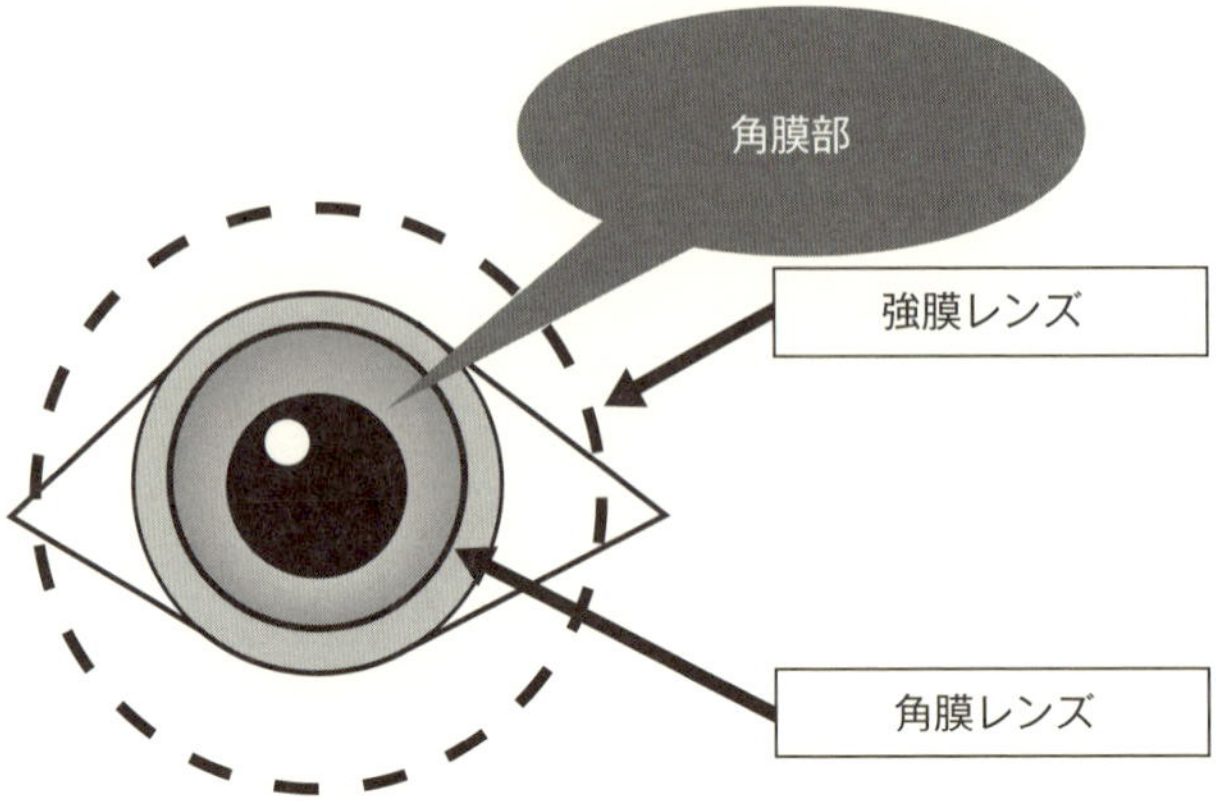

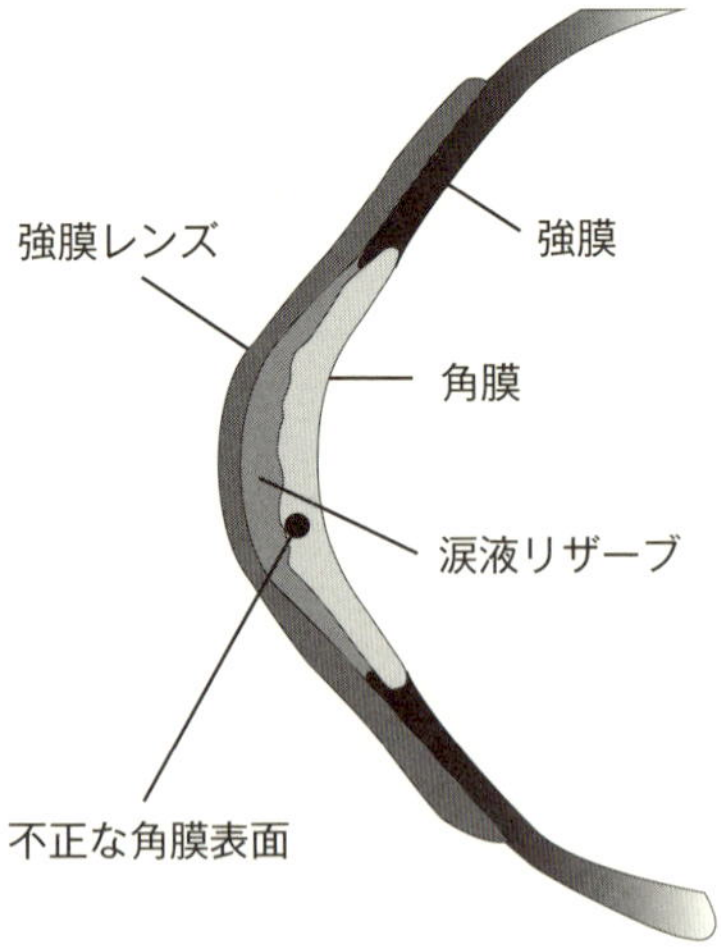

強膜レンズ

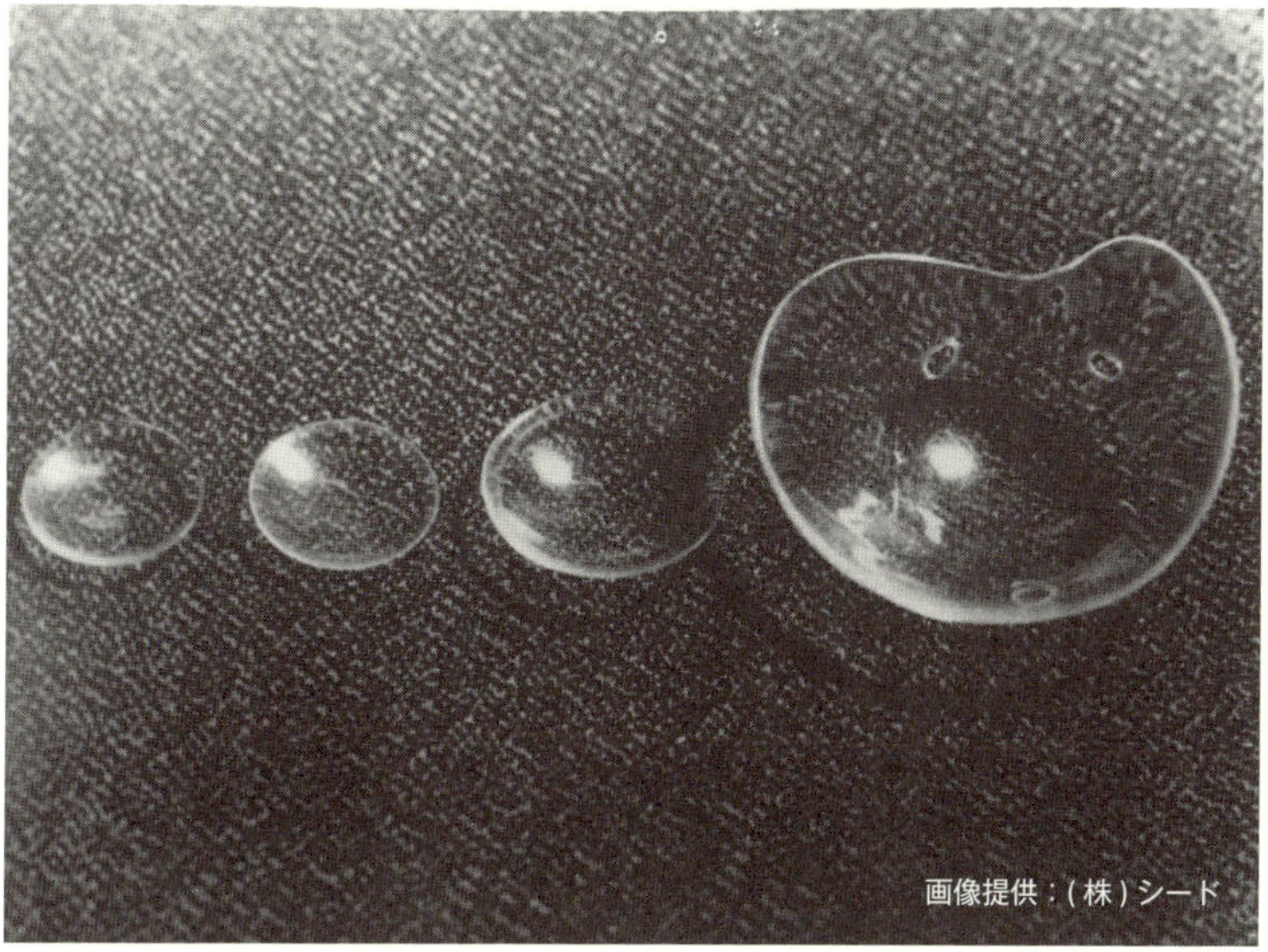

画像提供：(株)シード

トル程度のミニ強膜レンズと、18ミリメートル以上の（ラージ）強膜レンズがありますが、レンズ装用時に強膜にかかる部分の大きさが異なります。これは通常のハードコンタクトレンズの倍くらいの直径です。この大きさ故に、他にも特殊な用途で使用できることとなります。例えば美容目的のために色が付けられたレンズでは、無虹彩症（光の光量を抑える虹彩が無い）および白子症（角膜部分が白く濁る）における羞明（しゅうめい）という眩しさを軽減するためにも使用されています。さらに水上、水中でのスポーツである水球、カヌー、ダイビングや水上スキーなどや、または埃っぽい環境に曝されたり、激しいスポーツの場合にも有用です。

本来、このような場面では、圧倒的に眼鏡型のゴーグルの使用が有利ではないかと思い浮かべますが、強膜コンタクトレンズのような特殊な用途もあるのです。

33 釣りあげられた魚は陸上では強度近視——驚異の水中コンタクトレンズとは

水泳や海水浴など、水の中で目を開けるとモノが見えにくい経験があると思います。コンタクトをする人にとっては、水中ではゴーグルが不可欠です。水中で長時間使用可能な専用コンタクトレンズは存在しないため、ゴーグルが不可欠になるのです。前項の「強膜レンズ」という角膜の外部の白目部分まで覆うレンズを使用して、かつてオリンピックの水泳選手やダイバーに装用されることがありました。しかし、瞳が極度の低酸素状態になるために短時間の装用しかできなかったのです。

このように、もともと眼が良い人でも悪い人でも共通して、特別なコンタクトレンズなしには水中では裸眼でモノを見ることが困難なのです。これは一体、どのような現象が起きているのでしょうか。

これまで記したとおり、眼に届いた光は通常は空気と角膜の境界で大きく屈折して網膜に光が到達し、モノがハッキリと見えます。これは空気の屈折率が約1・0と角膜の屈折率約1・38との差が大きいため大きく光が曲げられるためです。

一方で、水中でゴーグル（水中眼鏡）をかけない際には、空気が水に置き換わると、水の屈折率は約1・33ですので、角膜の屈折率約1・38と近い値となり、屈折率の差が非常に小さくなります。そのため、ゴーグルを装着していないと光が曲げられずに網膜の後ろに焦点が合ってしまうのです。すると、水中では極度の遠視状態になり、モノが見えにく

水中でモノを見るために

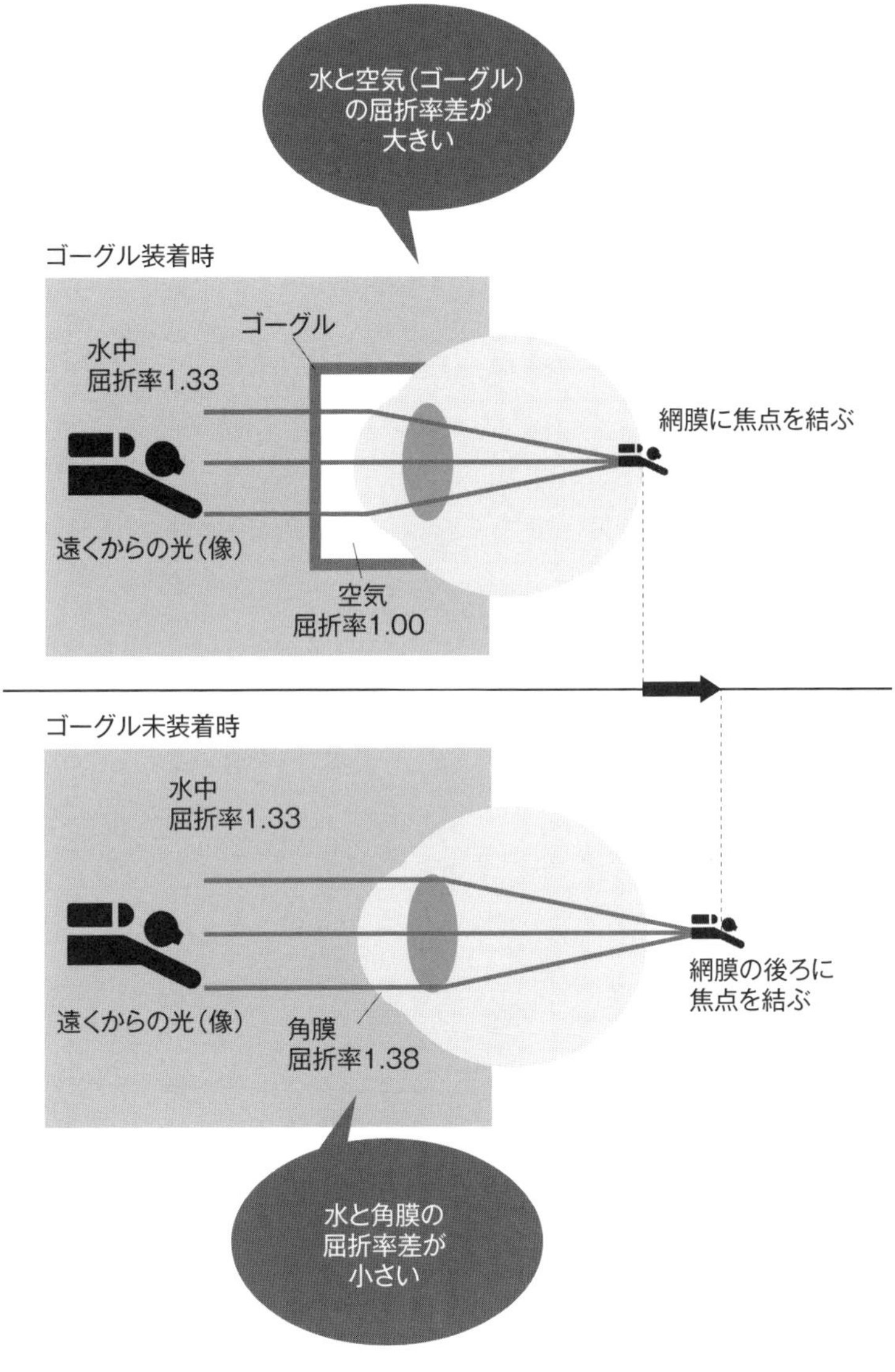

くくなってしまうのです。これにより、水の中ではゴーグルを装着し、角膜の前に空気層を介さないと網膜に像を結ぶことができません。

地上で進化を遂げた人類にとっては、空気中でモノを見るのに適切な進化の過程を経てきました。人類の目は空気中で生活するために最適な〝光学設計〟になっているのです。

それでは、カエルなどの両生類や水の中で魚を捉える水鳥（潜水する鴨など）は、水中でも目が見えるのでしょうか。湖などに生息する白鳥が、水中のエサを器用についばんでいる姿はよく目にする光景です。水中でもまるで目が見えているとしか考えられません。なんと、彼らはもう一つの瞼である「瞬膜」と呼ばれる、いわゆる〝水中コンタクトレンズ〟を持っているのです。これは瞼とは別に眼球を保護・保湿する透明または半透明の膜で、〝第三眼瞼〟ともいわれており、瞬きをする瞬間に目の内側から瞬間的に出てくるため「瞬膜」と呼ばれています。この瞬膜の本来の機能は、空気にさらされていると濁ってしまう角膜を乾燥から守るためのものです。水の中ではこの「瞬膜」をコンタクトレンズのように利用し、網膜に像を結ぶことで、環境に適応するようになったとも考えられているのです。空を飛ばないペンギンの瞬膜は透明で、生まれつきにして水中ゴーグルを身に着けているといっても過言ではありません。

さて、人類にも目頭部分に退化したと考えられる瞬膜の名残があります。この退化したかもしれない、「瞬膜」のような遠近両用の自家製コンタクトレンズが40歳くらいから復活（退化→進化）すると、いずれは「老視対策」として、非常に便利になるかもしれません。瞼と連動して折り畳み、必要な時だけ使用できる未来のバイフォーカルコンタクトレンズの開発などもおもしろいかもしれません。

34 眩しい反射光で遮られた水面下が覗き見える偏光眼鏡

現在発売されているコンタクトレンズにはない機能として、眼鏡のもつ優位的な性能をあげるなら、物体や水面などから反射する眩しい光を「偏光レンズ」を利用して遮断する効果を持った眼鏡があることです。

自然光に含まれる光は、垂直に振動する光の成分である「P波」と、水平に振動する成分である「S波」で合成されており、規則性がありません。「偏光」とは、特定の振動方向に規則的な方向に振動する光のことです。この特定の方向の「S波」を直行する方向の「P波」のみ透過する偏光板で遮断します。

このように水面などからの反射光である「S波」に対して遮断するように応用したものが「偏光グラス」です。入射する角度に対して反射する割合である「反射率」が「P波」と「S波」で異なることを利用します。

「P波＋S波」の合成された自然光が、入射角53度のときに、反射光は水の反射面と平行な「S波」のみとなるのです。つまり53度で反射された自然光に「P波」が含まれないため、水面での反射光はすべてカットされ、あたかも水面の中が覗き見えるようになるのです。

これは、水面を注視し毛鉤（虫に似せた疑似餌）を使う釣りであるフライフィッシングや、魚を目視で探しながら釣りをする、「サイトフィッシング」

偏光板でＳ波（水平の振動）を遮断する

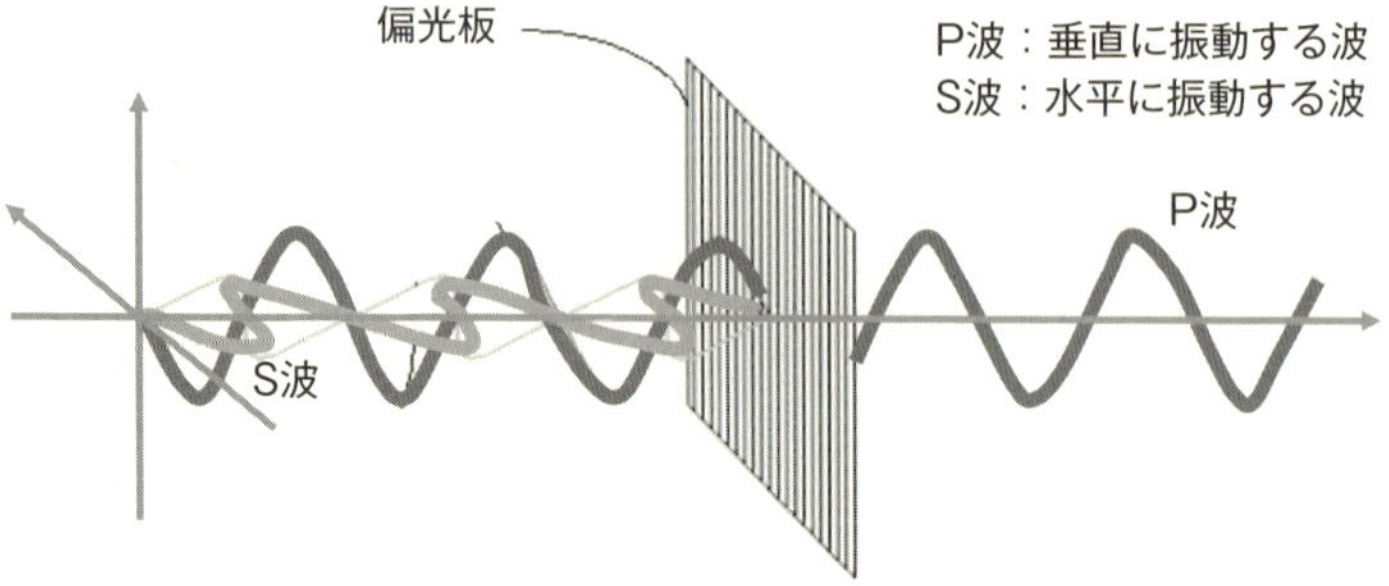

偏光グラスでＳ波が遮断れるイメージ

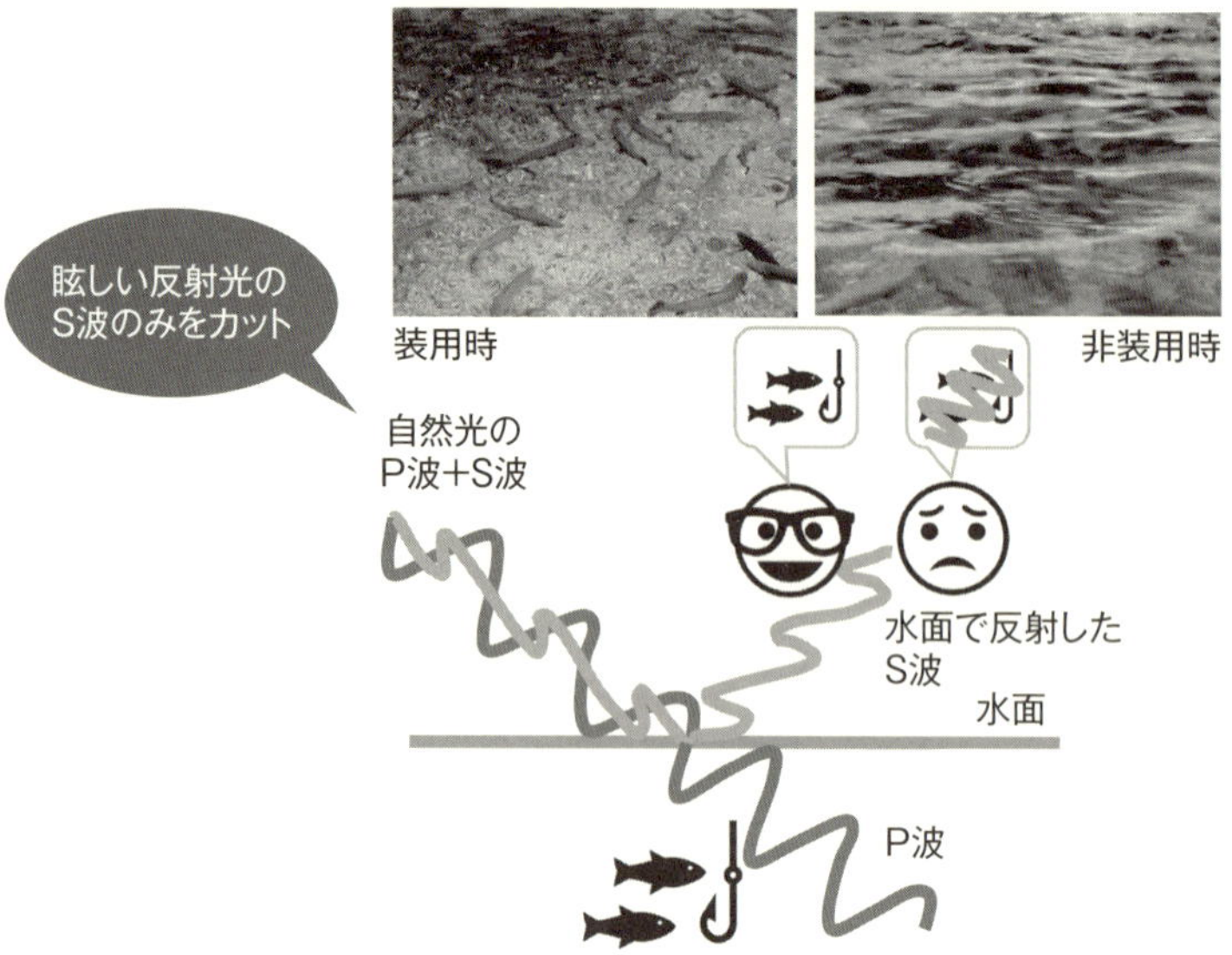

と呼ばれる釣り方をする釣り人にとっては、釣果を左右する非常に重要な眼鏡となります。

また、筆者の経験では、自動車の運転時には前方の車から反射した太陽光が、かなり遮断され、日中の運転時にはとても便利な眼鏡です。ただし、液晶モニターには偏光成分が含まれているため、眼鏡の角度を変えるとモニターが暗くなったり、映像が遮断されてしまうので注意が必要です。

眩しい反射光を遮断するには、圧倒的に偏光眼鏡の出番といいたいところですが、視力が悪い場合、偏光でさらに度付き眼鏡の購入が必要となり、これは非常に高価なものになります。

偏光眼鏡は従来のサングラスのように若干色が入っているため、日本人の生活スタイルとして、普段の装用にはあまり向かないようです。そのためコンタクトレンズを装用した上から、偏光眼鏡を装着するスタイルが多くを占めるようになっています。

もちろん眼鏡の上に偏光グラスを装着可能な製品も発売されています。

じつは、前項でも記したタカ類の「瞬膜」は、偏光フィルターの役割をしているのです。遠い空の上から水面の反射光を遮断し、水面下の魚を見つけて捕食するための役割を担っています。

動物では既に「偏光コンタクトレンズ」が利用されているので、人用の「偏光コンタクトレンズ」ができれば、また違った世界が開けるかもしれません。

しかし、「S波」をカットするための偏光膜の方向を、乱視用コンタクトレンズのように軸を正確に安定させたり、酸素透過性のよい偏光膜とレンズ素材を用いる必要があり、まだ実現していません。

35 「眼鏡は踏まれて壊れ、コンタクトは洗われて破れる」は昔話？

　コンタクトレンズの装用者にしても、眼鏡の使用者にしても、目が悪い人にとって朝一番にする行動が、まず眼鏡をかけたり、コンタクトレンズを装用することだと思います。

　また、これは寝る直前まで装着する場合も多く、まさに「生活を共にする時間が最も長い」部類に入る、重要なグッズでもあるのです。

　そんな眼鏡は、踏みつけられて壊れてしまうことが多いものです。これは悲しいことに、眼鏡装用者の多くの人が経験することです。特に、寝具をベッドよりも布団にしている人が踏まれる確率が高くなると考えられます。布団の場合、睡眠時に床と同じレベルの高さに置かれてしまう眼鏡は、踏まれる確率が非常に高くなるのです。睡眠時には少しでも床よりも高い位置に眼鏡を置きましょう。

　また、眼鏡ケースを利用するなど、保管に少しの気を使うだけでも眼鏡を破損してしまうことが避けられるようになります。

　このような事態をできるだけ避けるため、眼鏡フレームの材料やレンズの材料については強度が増すような工夫がされています。

　通常、細い金属で作られた眼鏡材料は、踏まれたり、曲げられたりすると変形します。しかし、近年ではその形を記憶することができる形状記憶性を備えるチタンが開発されました。そのため、通常の使用においては、しなやかなバネ性が発揮され、さら

コンタクトレンズの取り出し方

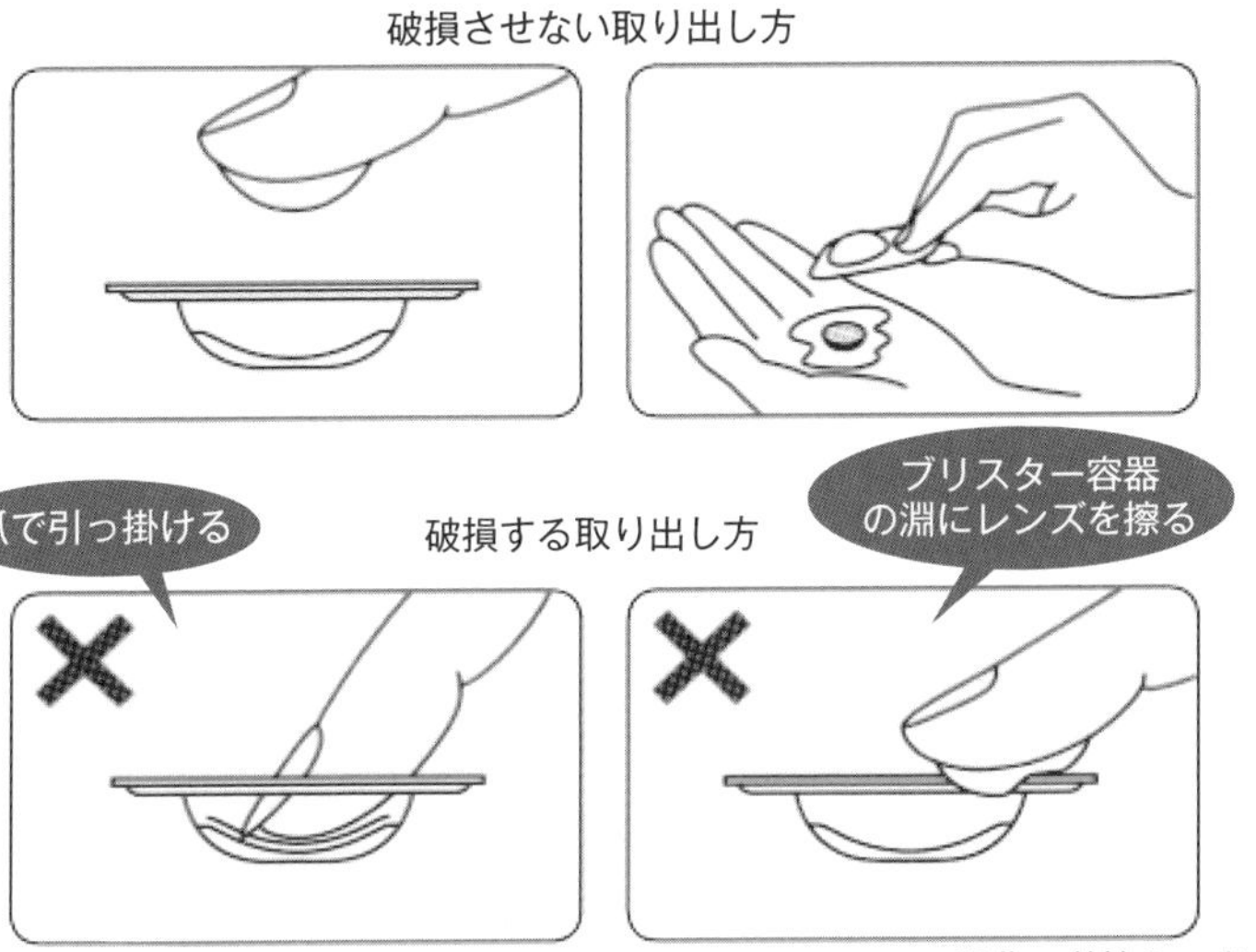

出典：（株）シード

に型崩れすることがなく、購入時の掛け心地・ホールド感が持続するのです。

さらには、この優れた素材の性能を生かすために、眼鏡の金属溶接に用いられていた溶接方法にも最新の微細レーザ接合技術が使われています。

通常のレーザ溶接は熱影響部分が広いため、金属の軟化する部分が大きく、小さな部品の接合では、接合強度に影響がでる場合もありました。しかし、最先端の光加工技術（微細レーザ接合）は、非常に小さな点で接合することができるため、小さな部品でも接合部分が鈍ることなく接合することが可能となりました。

これにより微細なフレームでも強い強度で接合できるため、美観を損なうことなく綺麗に眼鏡フレームを作ることができるようになりました。

また、破損以外の要因としてはレンズの向きを床向きに置くと、レンズのコーティングが剥がれたり、レンズに傷がついてしまうことになるので、長持ちさせるためには置き方など取扱方法も重要です。特にプラスチックレンズの場合は高温多湿に弱いので、高温になる「車内の放置」や「サウナに眼鏡をかけたまま入る」と、熱膨張によりコーティングが剥がれたり変形が生じてしまいます。

一方、コンタクトレンズの破損の原因はというと、取り扱いによるものが多くを占めます。特に使い捨てコンタクトレンズの場合、容器から取り出す際に、容器の淵にレンズを擦り付けることが破損の大きな原因となってしまいます。

また、2週間タイプの使い捨てソフトコンタクトレンズやコンベンショナルレンズと呼ばれる長期間において洗浄しながら使用するものについては、目の汚れであるたんぱく質などが付着します。

これらは当然、擦り洗いが必要となりますが、それが破損の原因になります。そのため、漬け置きタイプの洗浄液を使用すると、破損の要因が少なくなります。

過酸化水素を用いるこの洗浄方法は、中和剤をケースに入れて置いておくことで、透明な液がピンク色に変わり、これが洗浄終了のサインとなり中和し忘れを防止するのです。

国内に流通するコンタクトレンズについては、レンズの強度を確認する試験（引っ張り試験）などが実施されています。

近年では、金属よりも丈夫な柔軟複合材料である繊維とゲルの複合による「繊維強化ゲル」なども開発され、その強度はゲル単体の100倍以上もあるのです。

そろそろ「壊れる眼鏡」、「破れるコンタクトレンズ」は昔話となり、新たな製品が登場するのでしょうか。

36 眼鏡の〝曇り〟は除湿器の原理――曇らないコンタクトその理由は？

眼鏡を装用している人の多くは、眼鏡の〝曇り〟を経験すると思います。コンタクトレンズに比べて眼鏡は格段に曇りやすいと感じる人が多いはずです。その〝曇り〟が生じる原因はどこにあり、どのようなメカニズムなのでしょうか。

夏場、冷えたグラスやペットボトルに水滴が付着します。これは空気中の水分が冷えた物体の表面に集まることで水滴となる現象です。眼鏡が曇る場面を思い浮かべてみると、湿度が高い浴槽や、気温変化の激しい電車や自動車の車内外、あるいはマスクを装着した、鼻とマスクの隙間から漏れる呼吸の息などに限定されます。つまり、湿度が低く温度変化を伴わない環境では、眼鏡は曇りにくいのです。

水が沸騰し、蒸発すると白い湯気となり気体になることは誰しもが経験していることです。それにより空気中の水分が増え、湿度が上がりますが、日本では夏になると海や川などで蒸発した水分が生活環境を満たすことで高い湿度になります。温度が高い方が気体の中に水分を多く含むことができるのです。沸騰はエネルギーが高くなることで「水→気体」となりますが、逆にエネルギーが低くなる、つまり冷えることで「気体→水」となり、沸騰とは逆の現象が発生します。生活環境よりも冷やされた眼鏡では、レンズ部分で急に冷やされた空気中の水分が、水の粒となり、これが〝曇り〟を発生させます。晴れた日よりも、空気中の水分が多い雨の日の

除湿器と眼鏡が曇る原理

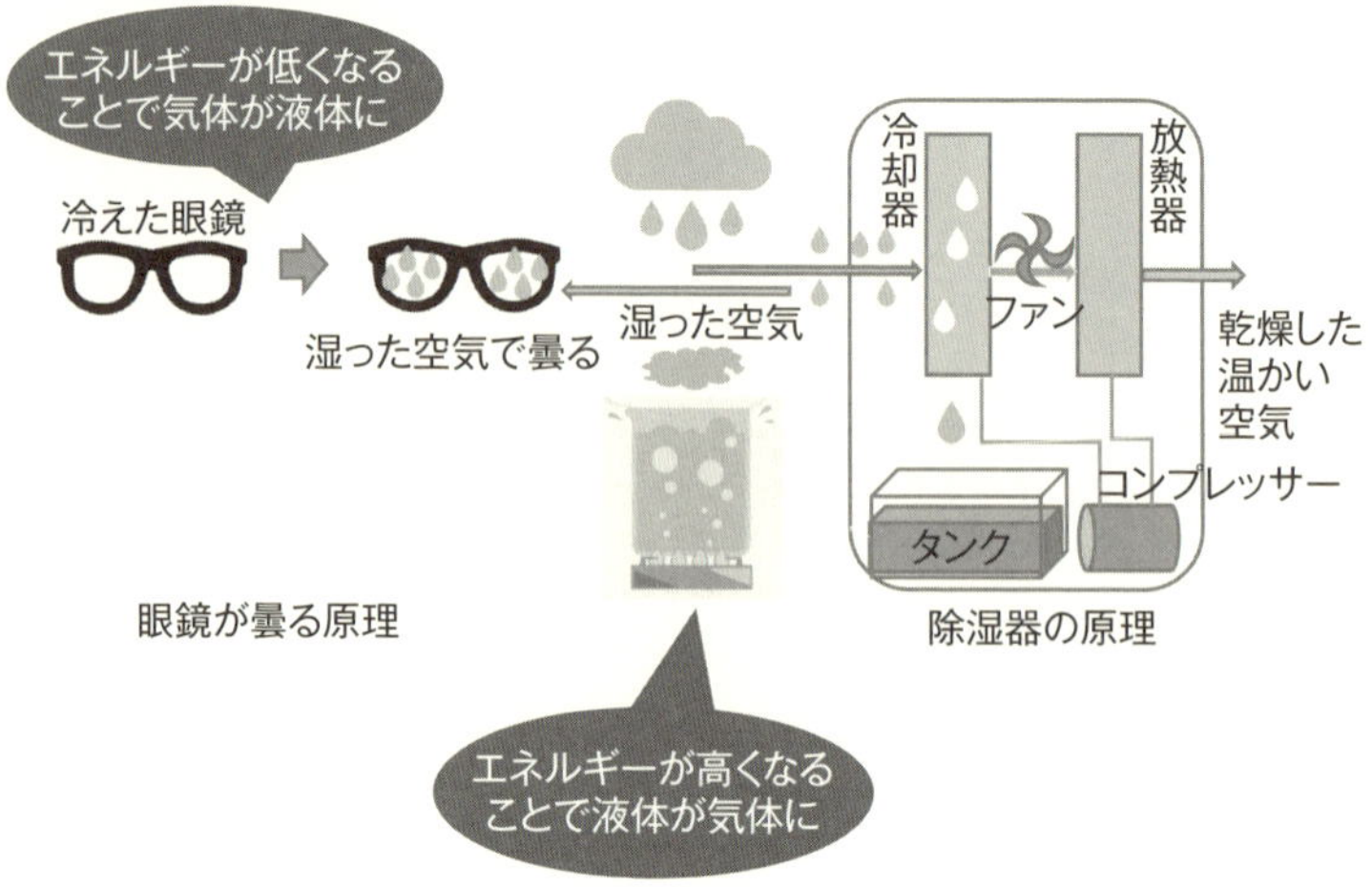

水滴による曇りを無くすには

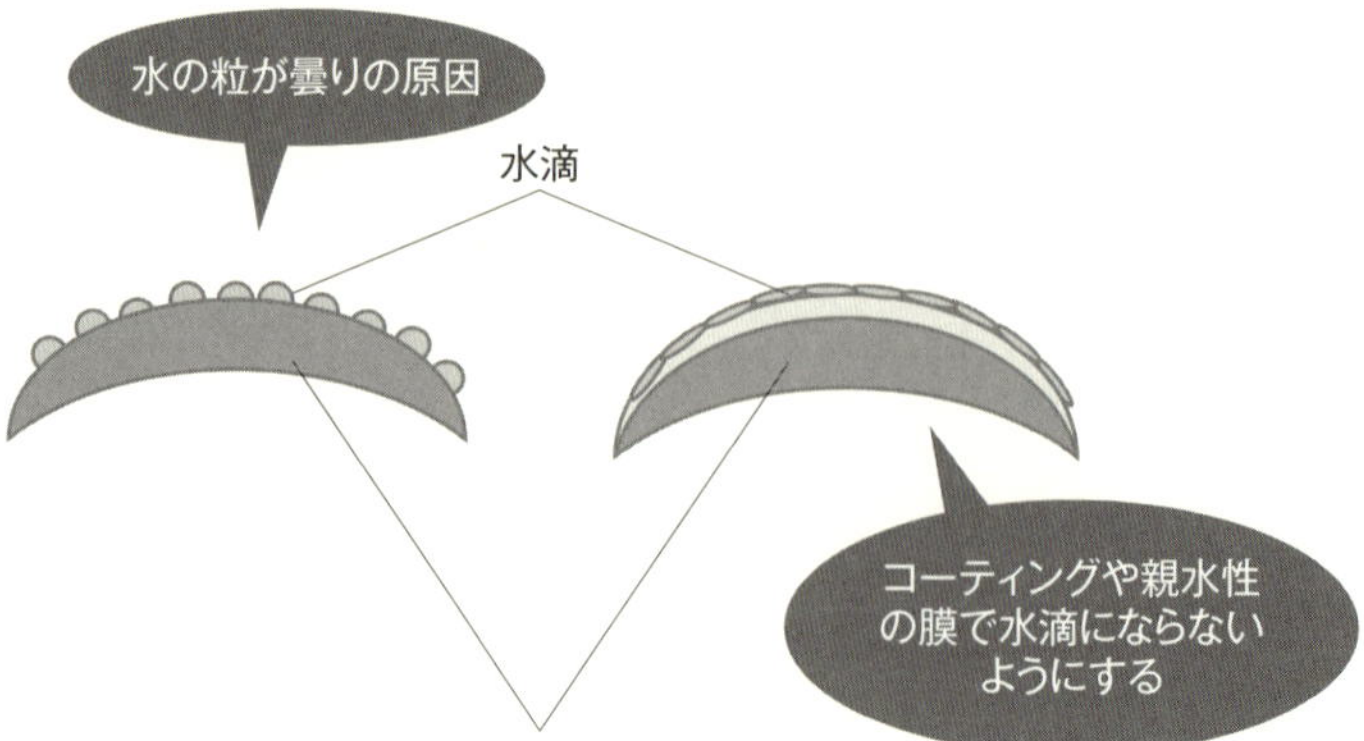

方が眼鏡が曇りやすいのです。また、冬になると、窓ガラスに発生する「結露」は暖かい部屋と冷たい外気の間に水滴が付着します。除湿器はこの〝空気中の水分を急激に冷やす〟ことで、空気中の水分を水滴に戻し、湿度を下げているのです。これは眼鏡が曇る現象を機械化したことと同じなのです。それでは、なぜコンタクトレンズは曇りにくいのでしょうか。コンタクトレンズは非常に厚みが薄く、眼球の体温も伝わりやすいため、体温に近い暖かい状態になっています。そのために水蒸気が眼鏡よりも急冷されにくいために、レンズが曇りにくいのです。眼鏡のレンズを曇らないように工夫するためには、その表面に水滴が粒状にならないよう処理を施します。「親水性を良くする」と言いますが、これは水分が粒にならないように平らに作用するよう、界面活性剤などを使って表面の親水性が高まるように補助します。これにより水滴の粒が視界の妨げにならないために、曇り止め防止剤が活躍するのです。また、二酸化チタンに光が当たると表面の化学構造の変化で超親水性となり、表面の汚れを浮かび上がらせる技術もあります。

　自然界に存在する蓮の葉の表面には、これとは逆の「疎水性」の表面構造があります。このような、動物や植物の生体を模写することで技術的な課題が解決されるヒントとなることがあるのです。

蓮の葉の表面は疎水性

37 コンタクトレンズや裸眼でも〝飛び出る画像〟を見る方法

人や動物は奥行きや立体感を知覚するために、右目と左目の独立した情報（画像）を脳内で融合させ、処理することで〝3次元の世界〟を感じています。これは、右目と左目の間には瞳孔間距離（PD:Pupil Distance）と呼ばれる間隔があり、それぞれ微妙に異なった映像が網膜に映っていることによるものです。その〝視差〟と呼ばれる網膜映像の僅かな差を元に立体感を感じています。VRやARはこの視差のある画像を、右目には右目用の映像、左目には左目用の映像をそれぞれ専用のゴーグルを使って見せることにより、立体的な3次元画像を感じるようにさせているのです。

それでは、コンタクトレンズ装用状態や裸眼では立体的な画像は見えないのでしょうか。じつは古くから〝ステレオ写真〟と呼ばれる方法で、右目用と左目用の写真を撮影する〝ステレオカメラ〟が存在します。このカメラで写真を撮影し、右目と左目でそれぞれの画像を見ることで、写真の中の被写体を立体的に見ることができるのです。これを見るには少しコツが必要で、〝平行法〟や〝交差法〟と呼ばれる方法で、写真を左右それぞれ同時に見ないと、立体感を知覚することができません。本書では平行法の写真を、〝裸眼・コンタクト（眼鏡）装用〟でも見る方法を記しますが、この〝平行法〟には少し「鍛錬」が必要になりますので、インターネットなどの情報を参照ください。

ステレオ写真のみかたとコツ

スマホでも左右眼の瞳孔の間隔分（約6・5センチメートル）だけ画像をずらして、2枚の被写体を写真撮影することで、このステレオ写真の撮像が可能です。筆者のスマホで撮影した「まねき猫」の画像を立体的に見ることができるでしょうか。

また、同じ行先の切符2枚を右目、左目でそれぞれ見ると、切符の後ろの絵柄が僅かな視差を作り出し、文字が浮かび上がってきます。

人の目は、左右の画像を比較しただけではその差がわかりませんが、網膜以降の脳内では、このごく僅かな視差を利用して巧みに立体感を得ていることがわかるのです。裸眼でこのステレオ写真がはじめて見えた時の感動はとても大きいものです。

34項にある、水面からの反射光のギラツキは、この網膜に到達する左右の光の視差の違いが顕著に表れることによる、「視野闘争」と呼ばれる現象により発生することも要因なのです。前述のとおり、人は左右眼で発生する視差を眼（脳内）でうまく融合し、両眼で立体感を感じています。間違い探しのような2つある画像を立体視すると、間違った部分のみがちらつき、間違い部分を簡単に見つけることが可能です。これは、脳内で左右の眼から入った画像が一致しないために、先に記した脳内で「視野闘争」という現象が起きていることが原因です。先程記した切符2枚の番号のみが違ったものを立体視すると、文字が浮き出てくると同時に、印刷が違う番号の部分のみこの「視野闘争」が発生し、ギラつくことに気がつきます。

このように、人の眼は自覚こそしていませんが僅かな差を捉えて立体的にモノを捉えるように進化してきたのです。

百年以上前の幕末の頃のステレオ写真も残っており、じつは3D表示の技術は歴史が古く、裸眼で見ることからはじまっているのです。

38 将来は自宅が診療所になる？ IT技術を利用したドライアイチェック

コンタクトレンズ装用者は「ドライアイ」になりやすい傾向があると言われています。「ドライアイ」とは角膜表面の涙液が不足することで、涙液が角膜を十分に均等に覆わなくなる病気です。これにより角膜が保護されずに表面に傷がついてしまう場合があるのです。コンタクトレンズ装用者はエアコン環境下などで目の乾きを経験する人も多いでしょう。ソフトコンタクトレンズを装用する場合、コンタクトレンズ材料が水分を含有するため、大気との接触で必然的に涙液が蒸発しやすいと考えられます。これにより、涙液がコンタクトレンズに吸い取られる現象が続くことで、眼が乾燥しやすくなってしまいます。近年では、スマホやパソコンなどの電子デバイスを使うことで、それに集中するあまり、まばたきの回数が無意識に減少してしまいます。まばたきの働きは、空気にさらされ続けると濁ってしまう角膜を、乾燥から守るためのものなのです。

ドライアイを予防する方法としては、涙液の量を減らさないためにも、まばたきの回数を意識的に増やしたり、人工涙液などを使用します。ここで注意が必要なのは、点眼薬を使用するとコンタクトレンズ材料と薬との化学的な変化により、コンタクトレンズが膨張したり収縮してしまうことです。その結果、コンタクトレンズの形状が変化してしまい、逆に角膜に傷をつけてしまうことがあるのです。その点、眼鏡の装用は裸眼の状態に近い環境下にあるた

ドライアイリズム

画像提供：順天堂大学医学部眼科 猪俣武範 医師

めに、普段の生活環境とおなじ角膜の乾燥状態であるといえます。ドライアイになりにくい環境としては明らかに眼鏡に分があるといえるのです。さらに、眼鏡とマスクを組み合わせると、マスクから漏れる湿った呼気により眼鏡が曇る経験をしたことがある方も多いと思います。この呼気が、角膜の保湿に少なからず影響があると考えられます。

そんなドライアイですが、現在ではＩＴ技術の進歩とともに５分でドライアイがチェック可能なスマートフォンアプリが開発されています。

これは、順天堂大学眼科の眼科医である猪俣武範医師や村上晶教授らにより、ドライアイ研究のために開発されました。どこに居ても簡単にチェックができることはもちろんのこと、猪俣医師によると、普段は病院に来院して手間を掛けて臨床試験を実施するものが、このようなＩｏＭＴ（Internet of Medical Things）技術により、アイディア次第で巨大なデータを取得し、学術研究に反映させることができるそうなのです。この技術はドライアイ研究を皮切りに芽吹きはじめたばかりのソフトウェアを活用した最新技術です。将来はアインシュタインやダーウィンが起こしたイノベーションように、医療（機器）産業を大きく変えていくと予想されており、猪俣医師らの動向が注目されます。将来的には自宅に居ながら診療できるようになるかもしれません。ドライアイを生じさせると考えられるスマートフォン自身が、ドライアイをチェックできる、なんとも不思議なツールです。

まばたきを促す眼鏡も開発されているようですが、現段階で効果・効能を謳えるものであるのかは不明です。

このように、将来はスマートフォンやパソコンの画像提示内に、まばたきを促す要素が加えられるような技術開発を期待したいと思います。

Column

目は口以上にモノを言う

「目は口ほどに物を言う」という故事・ことわざがあります。人の目つきは、言葉と同じくらい相手に気持ちを伝えることができることのたとえです。喜怒哀楽の感情が表れやすいのが目であることから、人は古くから経験的に相手の目から感情を読み取っていたのです。

犬や猫などのペットを飼っている人は、動物がうれしい時には瞳を大きく見開き、攻撃的なときには厳しい目になることを感じとり、その感情を理解しあえることを経験しているはずです。これは動物の表現能力というよりも、それを感じ取る人間の方にも繊細な感知能力が存在するからです。「仏頂面」や「カラスの足跡（目尻にできる笑顔のシワ)」という言葉にあるように、感情表現としての“言葉”の認知能力があるのです。これにより「目は口ほどに物を言う」ということわざとして表現されています。

また、私たちの生活の中でも、特に付き合いの長い人の言葉の偽りやごまかしは、視線の動きなど、目を見ればその真偽がわかることもあるでしょう。人と人との間の関係性においては「目は口以上にモノを言う」場面も多々あるのです。

幼児が描いた人の顔をみてみると、目が大きく描写され如何に印象深いものであるかがわかります。人間は幼児期から無意識のうちに目を中心として人を認識していることの現れです。

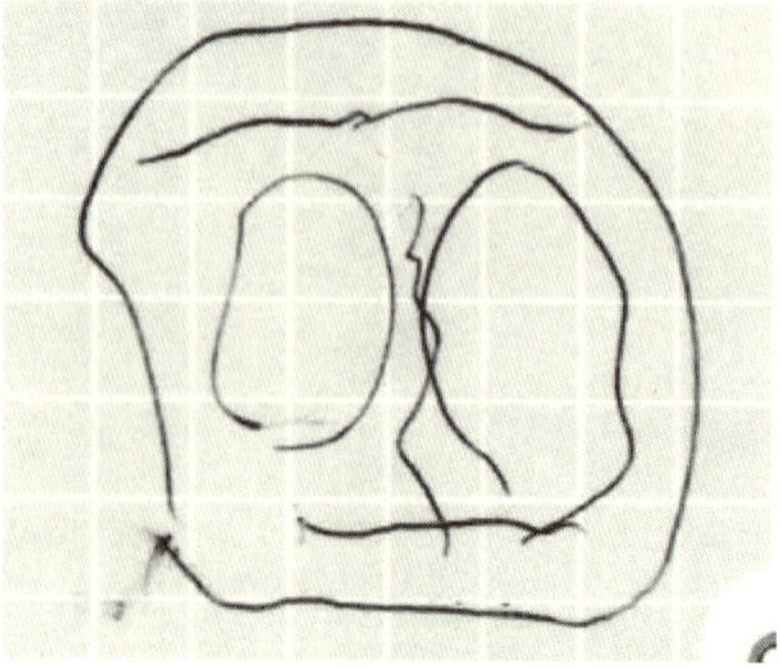

絵：3歳児の人物描画

第5章

特別な機能を持ったコンタクトレンズ・眼鏡

39 眼球の中にまで入れてしまうコンタクトレンズ（眼内コンタクト）

通常、コンタクトレンズは角膜の上にレンズをのせて視力を補正します。ところが、目の中にコンタクトレンズを挿入して視力を矯正する、ＩＣＬ（インプランタブルコンタクトレンズ）といわれる特殊なレンズが存在します。これは、「有水晶体眼内レンズ」や「フェイキックＩＯＬ」とも呼ばれ、角膜と虹彩の間に挿入する「前房型レンズ」と、角膜と水晶体の間に挿入する「後房レンズ」があります。レンズ自体はソフトコンタクトレンズのように柔らかい素材でできているため、角膜の端の部分を３ミリメートル程度切開し、専用の器具でＩＣＬの出し入れをおこないます。一旦眼内に入れたＩＣＬは、コンタクトレンズのようにケア（洗浄）の必要が無いため、「永久コンタクトレンズ」と呼ばれる場合もあります。このレンズは物理的に眼球内に置いているため、眼内にセットしたレンズは、不具合があった場合に取り出すことが可能となっています。

ＩＣＬは角膜を削らずに視力矯正を行うので、角膜厚が薄い方でも手術を受けることが可能です。また、幅広い度数のレンズをそろえているため、レーシックでは矯正できない強度の近視・乱視の方でも視力矯正を行うことが可能です。

この方法の最大のメリットは、眼鏡やコンタクトレンズの毎日のケアや取り扱いの煩わしさから解放され、裸眼と同じ状態で快適な日常生活を送れるようになることです。

ICL（インプランタブルコンタクトレンズ）

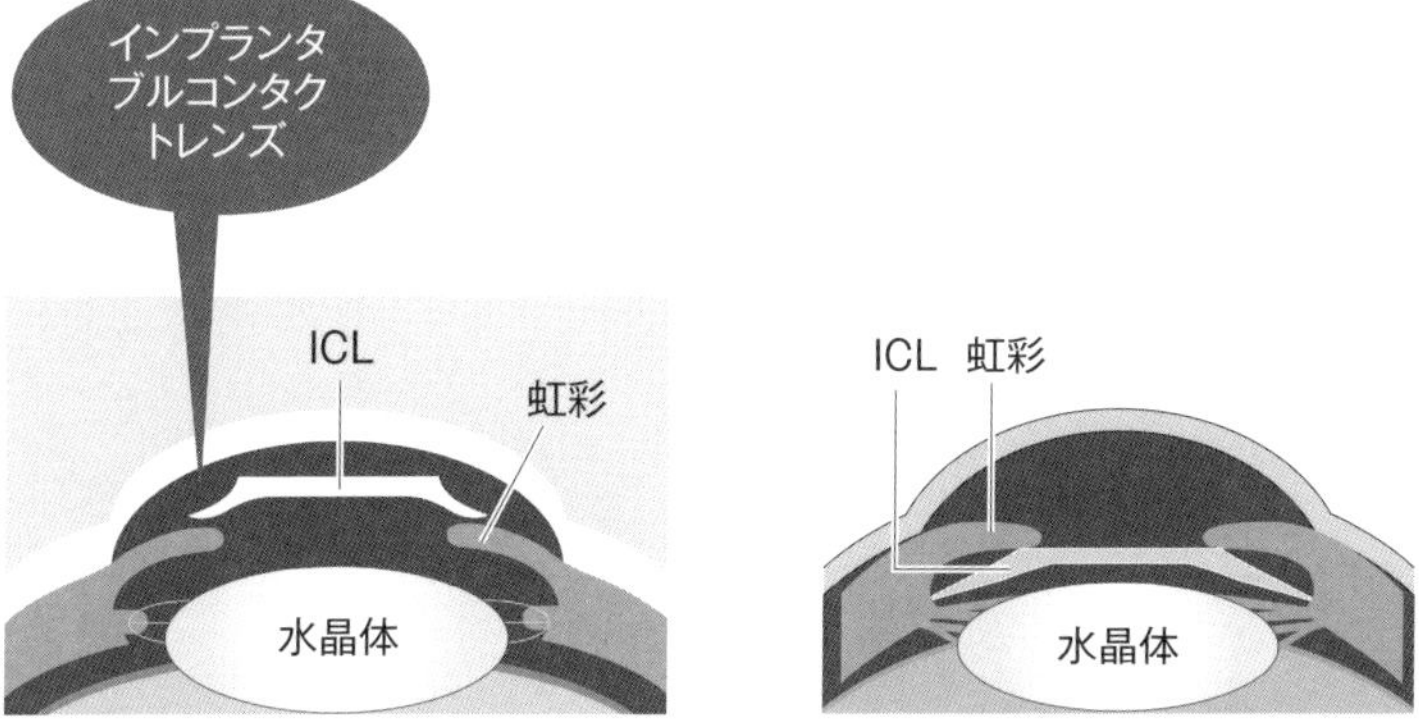

前房型レンズ　　後房型レンズ

一方で角膜に処置を行う侵襲手術によるため、それによるリスクも存在します。過去にはレーシック手術などで手術用器具の滅菌が不十分であったため、集団感染事故なども社会問題になりました。手術を受ける際には利便性が向上する分、デメリットも把握しておく必要があります。

将来的には老眼になった際に、このレンズが老眼鏡のような焦点調節可能な遠近両用レンズになると、本当の意味での「永久コンタクトレンズ」が誕生するかもしれません。

40 寝ている間に視力矯正、近視の進行も抑制——オルソケラトロジー

寝ているときにコンタクトレンズを装用し、視力を矯正するコンタクトレンズが登場しました。その名も「オルソケラトロジー」といいます。「オルソ=矯正▽ケラト=角膜▽ロジー=療法」の単語をつなぎ合わせたものです。日本国内でも既に法律上の「医療機器」として２００９年に厚生労働省から承認を受けて市販されています。

オルソケラトロジーの原点は、意外なところにあります。じつは、ハードコンタクトレンズの装用後に、眼鏡をかけた際に、視界が見えにくかったことがこの矯正方法の発見につながったのです。見えにくくなっていた原因は角膜形状よりもひらたいベースカーブのコンタクトレンズを装用したことで、角膜の中心部分が圧迫されて、平坦になっていたことでした。これにより、角膜の屈折力が変化したために普段使用している眼鏡を使っても見えにくさが生じてしまいました。

これを応用し、就寝中に角膜中心部分を圧迫し、角膜の屈折力をマイナス側に矯正することで近視を矯正します。角膜が柔らかく変形しやすい方が有利であるため、若年者に向いているといわれています。そのため海外では20歳以下の若年層にも処方されています。

一方で日本国内のガイドラインにおいては、成長中の角膜への影響への配慮と、「患者本人の十分な判断と同意を求める」という条項により、親権者の

レンズのデザインと構造

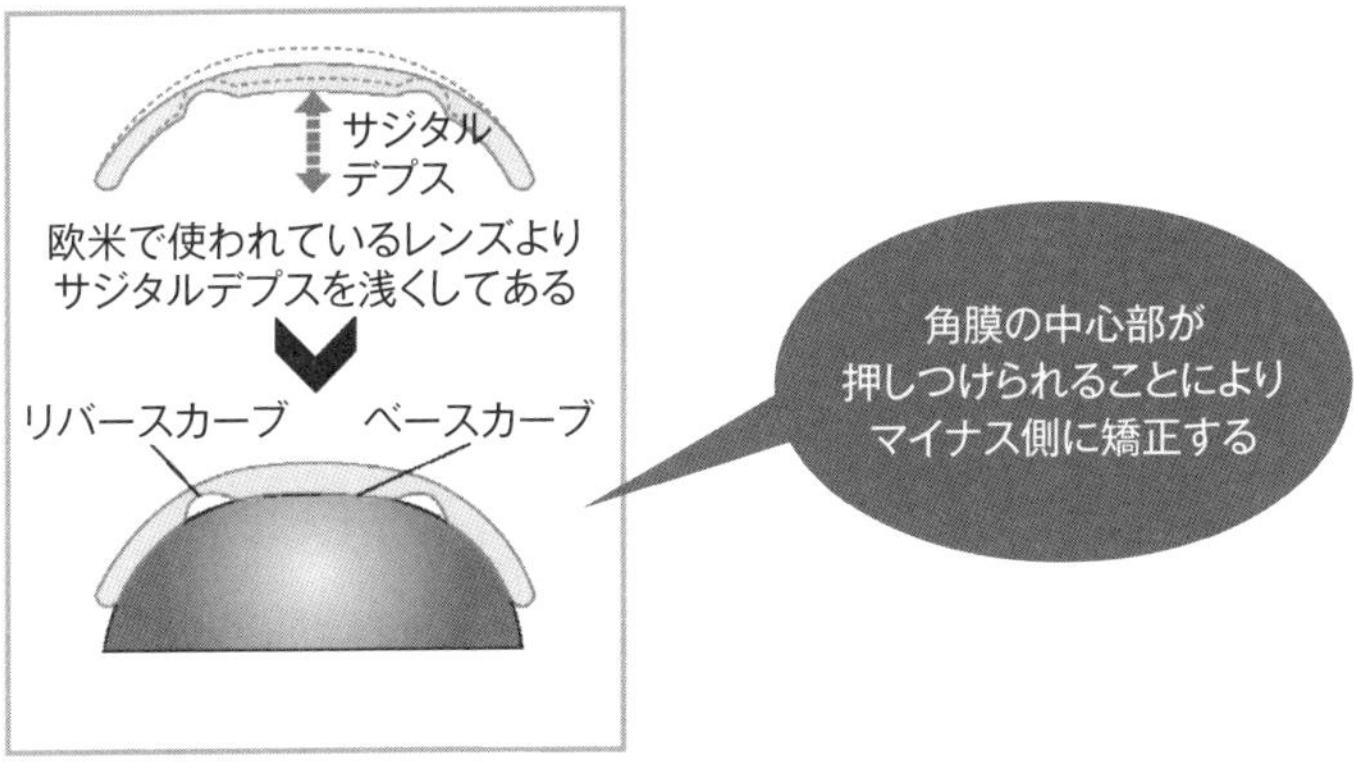

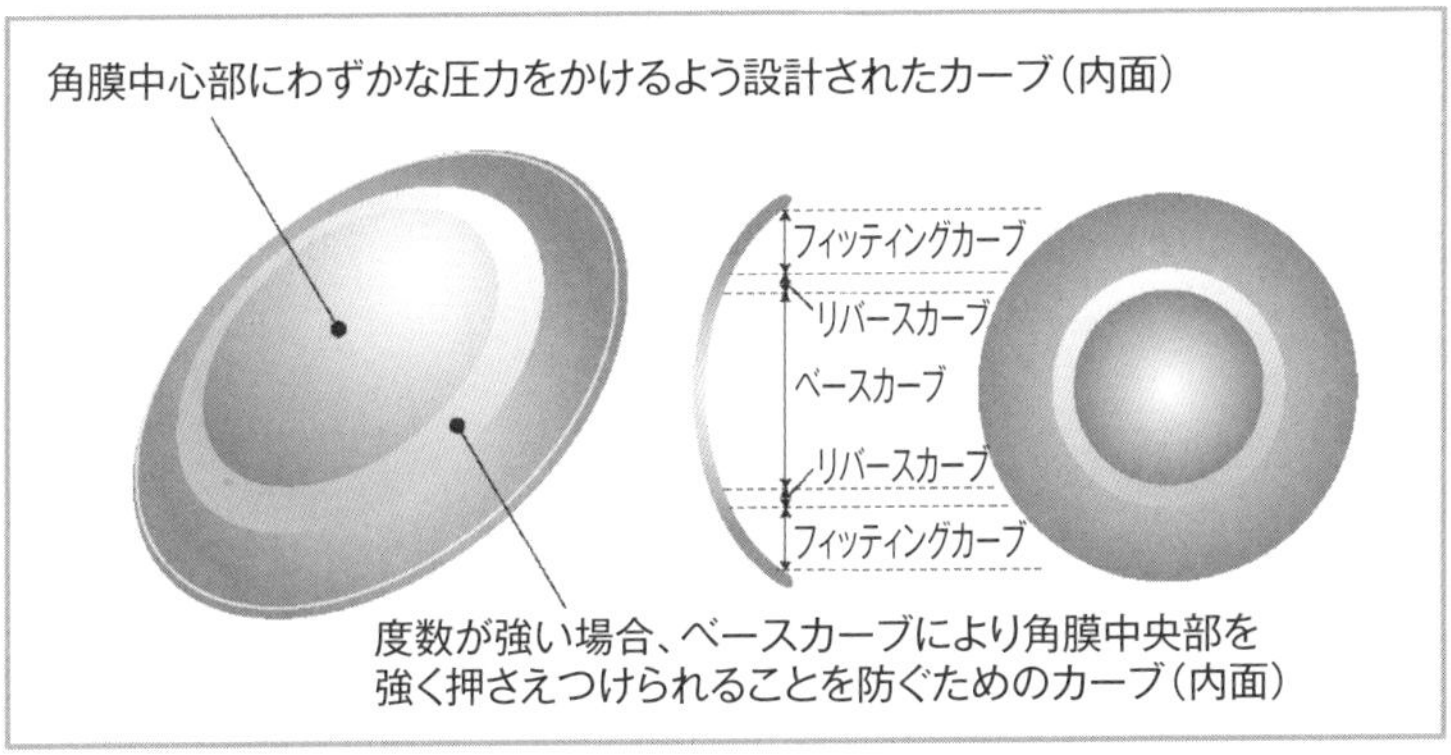

提供：東レ株式会社

同意が必要な20歳未満には非適応となっています。

この視力矯正は角膜の柔らかさや、個人差に依存するため、毎日装用をしなければならない人もいれば、1週間に2〜3回の装用だけですむ人もいます。

また、近視の強さや必要な矯正度合いにより装用の頻度は異なります。安定した視力を維持するために、寝ている間に1週間程度連続して装用し、角膜の状態を変化させます。

装用を止めると、通常は1ヶ月程度でレンズに押されて中心部が薄くなっていた角膜の状態は元通りの厚さになりますが、

治療の仕組み

さわやかな昼間の裸眼生活、手術しない視力矯正法「オルソケラトロジー治療法」とは。

「オルソケラトロジー治療」の仕組み

オルソケラトロジー治療とは、近視及び近視性乱視の方が寝る時にレンズを装用することで角膜形状を変化させ、脱着後の裸眼視力を改善させる治療法です。変化した角膜形状は一定期間維持され、その間の裸眼視力は改善されます。

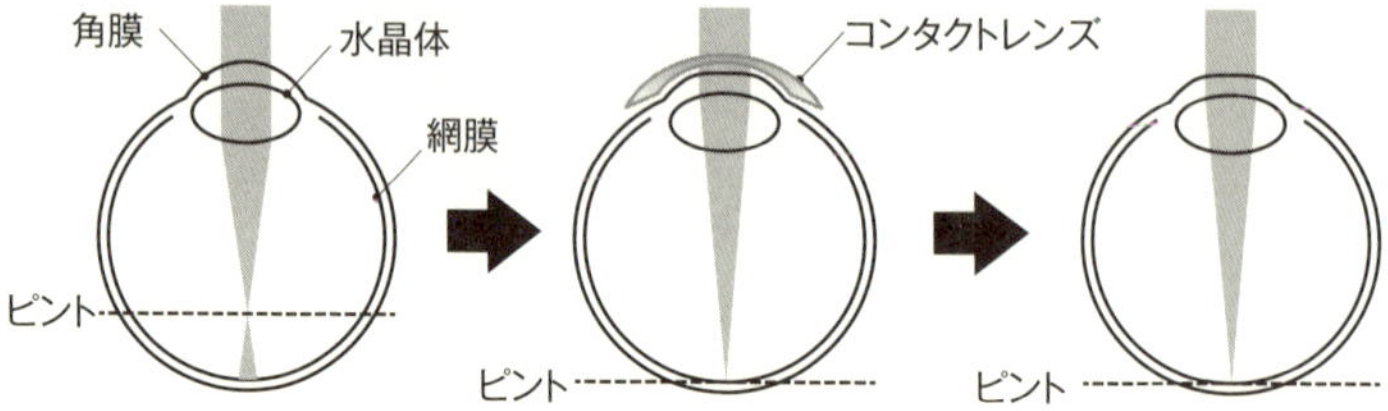

【レンズ装着前】

近視の場合、光が網膜より手前で焦点を結ぶため、像がぼやけて見えます。

【つける】

特殊なカーブを持つレンズが角膜前面の形状を矯正し、光の焦点を網膜上に結びます。

【はずす】

レンズをはずしても一定時間角膜形状が維持されるため、昼間は裸眼視力が改善します。

提供：東レ株式会社

徐々に角膜のカーブ（厚さ）が戻るため、その間の段階的な視力の矯正などが欠点となります。

前述の通り瞼の重みを利用して角膜の中心部を圧迫するため、角膜中心部分は薄くなります。今のところ遠視用の周辺部分を薄くするレンズはないため、「プラスレンズ形状」を形成するような矯正や老視用には向きません。

このオルソケラトロジーを用いて近視の進行を予防する研究が国内外でされています。幼少期に外で遊ぶ時間が長いと近視が進み難いという報告がされており、それを元に外で遊ぶのと同じボケ像を網膜に与えれば良いというものですが、これはまだ研究中の話題です。

41 薬物治療もできる――薬が染み出るコンタクト

花粉症などのアレルギーがある方や、なんらかの理由で点眼薬を必要とする方も少なくないと思われます。じつは、ソフトコンタクトレンズから目薬のように薬剤が徐々に放出される仕組みがあります。ＤＤＳコンタクトレンズは、「Drug Delivery System」の頭文字をとり「薬物配送システム」なども呼ばれています。

ＤＤＳは、必要な時間をかけて、必要な場所に、狙いどおりに薬物を届ける技術です。現在、多くの研究が活発に行われている現在進行中の新分野なのです。

このシステムにより、一回の薬の投与で大量に体内に吸収されることなどを防ぎ、注射や薬を飲む回数を減らしたり、薬の副作用を減らすことが可能となります。とくにコンタクトレンズの場合、花粉症の時期にアレルギーのため、コンタクトレンズの装用が困難になる場合があります。そんなときにアレルギーを緩和する目薬と同じ成分をレンズにしみ込ませて、徐々に薬を放出させます。また、強膜リングデバイスを活用すると角膜等の前眼部へ副作用を及ぼすステロイド等の薬剤は角膜への影響が抑えられ、患者に対してより負担の少ない投薬方法に工夫できると考えられ、その実用化が期待されています。

コンタクトレンズは、法規制上の医療機器に分類され、薬は医薬品であることからその法的な取り扱いが複雑なため、国内での認可にも時間がかかります。逆に考えるなら、販売が始まれば機器と薬品の両機能を備えた優れものということもできるでしょう。

強膜リングデバイス

薬剤移行イメージ

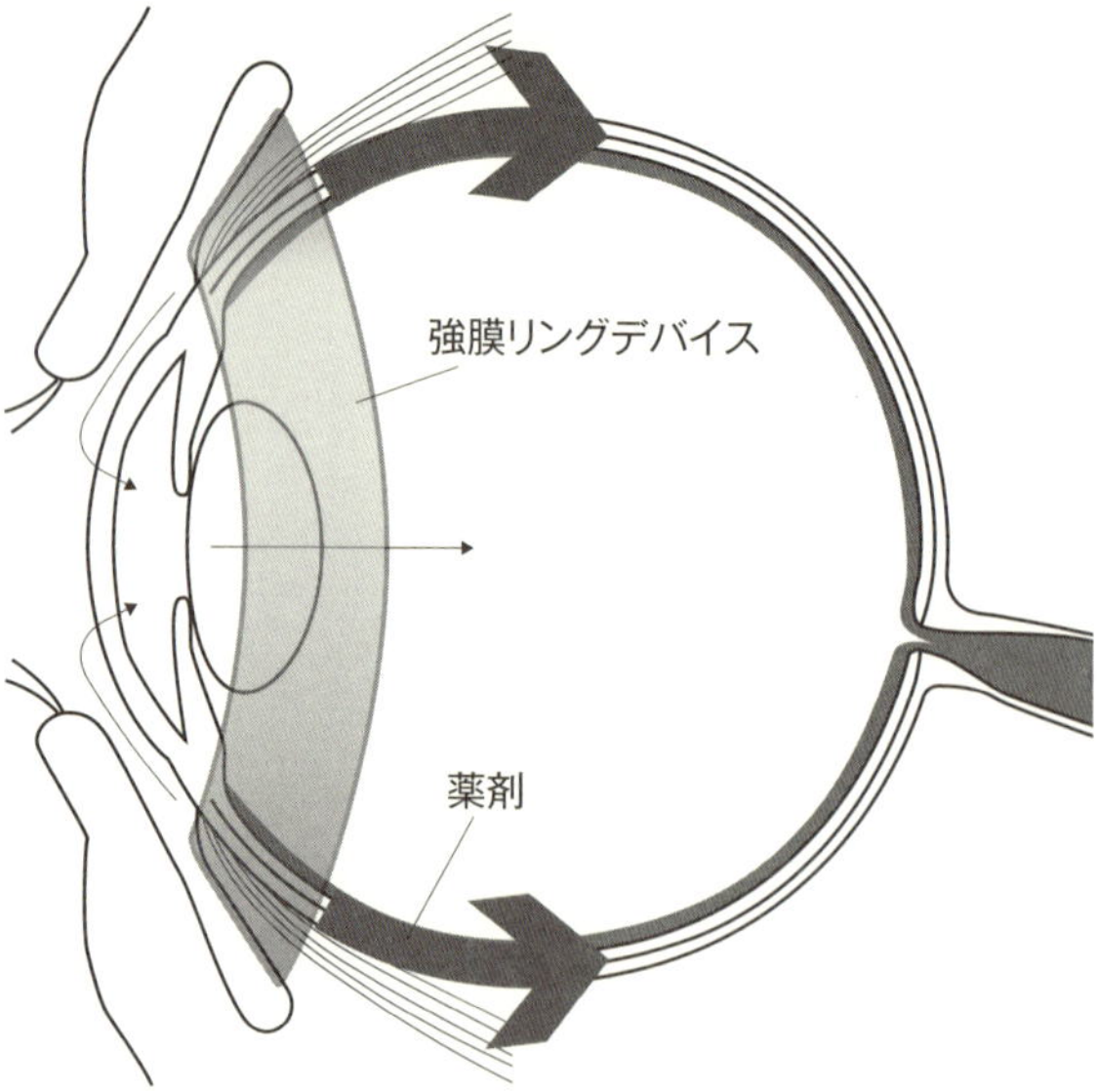

出典：（株）シード

42 電子回路内蔵コンタクト——ごくわずかな眼圧変動さえ見逃さない

映画やドラマの世界に登場して久しい、「未来型コンタクトレンズ」はすでに実在しています。現在、このコンタクトレンズは欧米では医療機器としてのライセンス番号を取得し、わが国での実用化も見込まれています。厚さ約0・5ミリメートルの透明なコンタクトレンズの内部には「極薄」の電子回路がサンドイッチ構造で内蔵されています。しかも、電源コードも必要とせずに、外部からワイヤレスで受電可能なのです。このコンタクトレンズの目的は、24時間、眼圧（眼球内の圧力）の変動を監視・記録することにあります。眼球内の圧力変動に伴い角膜が膨張し、その角膜表面に生じるごくわずかな圧力変化を捉えることが可能なのです。私達の眼圧は1日の生活サイクルの中で、少しずつ変動しています。通常、病院での眼圧測定は日中に限られていますが、この機器を使えば寝ている間や診察時間外の眼圧上昇・低下のプロファイルや変動を記録することが可能となります。

例えば「緑内障」は、眼圧が上昇すると視神経が圧迫されて視野が狭くなるという障害が起きる眼疾患です。症状としては、少しずつ見える範囲が狭くなってゆくのが特徴です。緑内障の治療としては、まずは目薬などで眼圧を下げることが基本となります。この眼圧上昇が夜間や睡眠時に起きる傾向がつかめれば、点眼薬の処方などにより眼圧を下げることが可能となります。

眼圧変動測定コンタクトレンズ

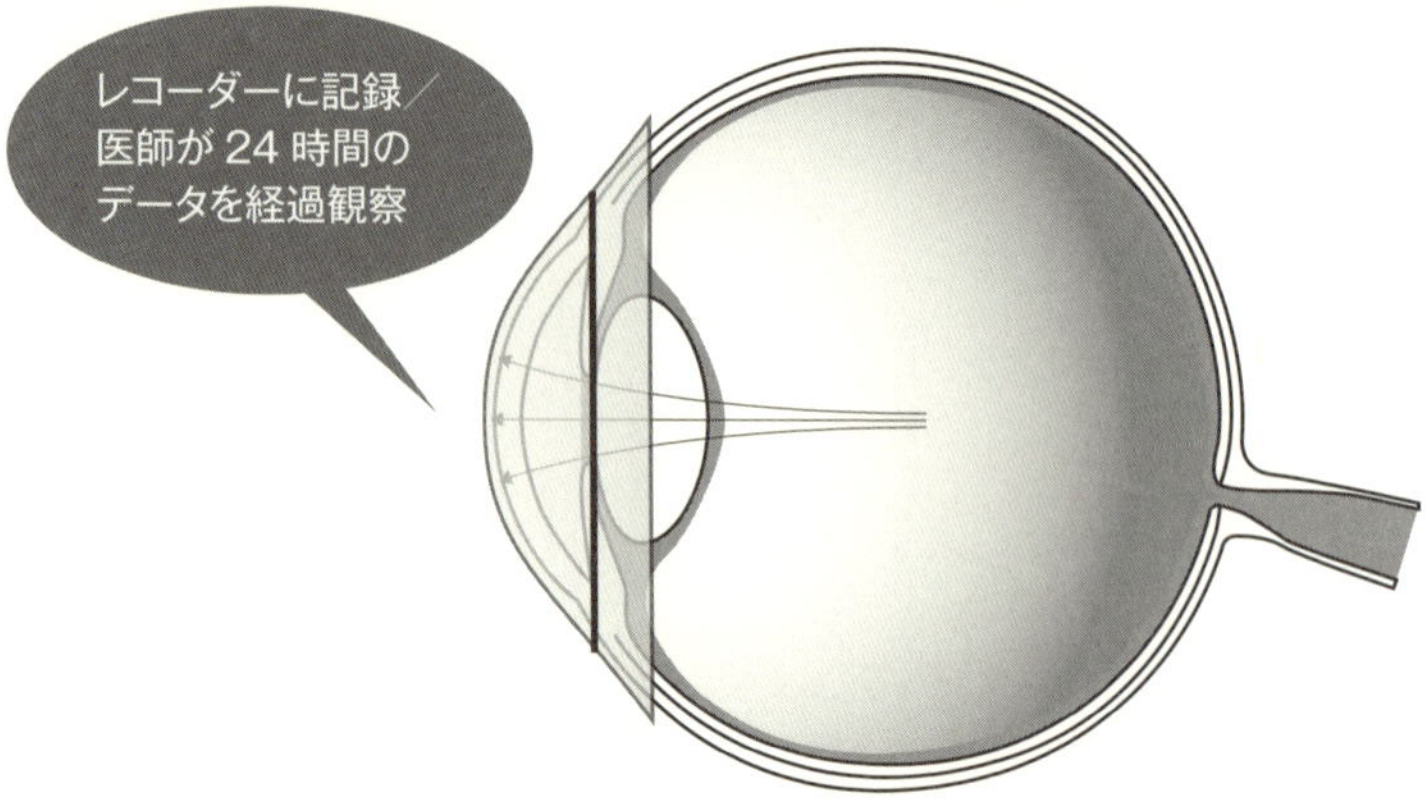
レコーダーに記録／
医師が 24 時間の
データを経過観察

角膜変化⇐眼内圧力変動や脈波

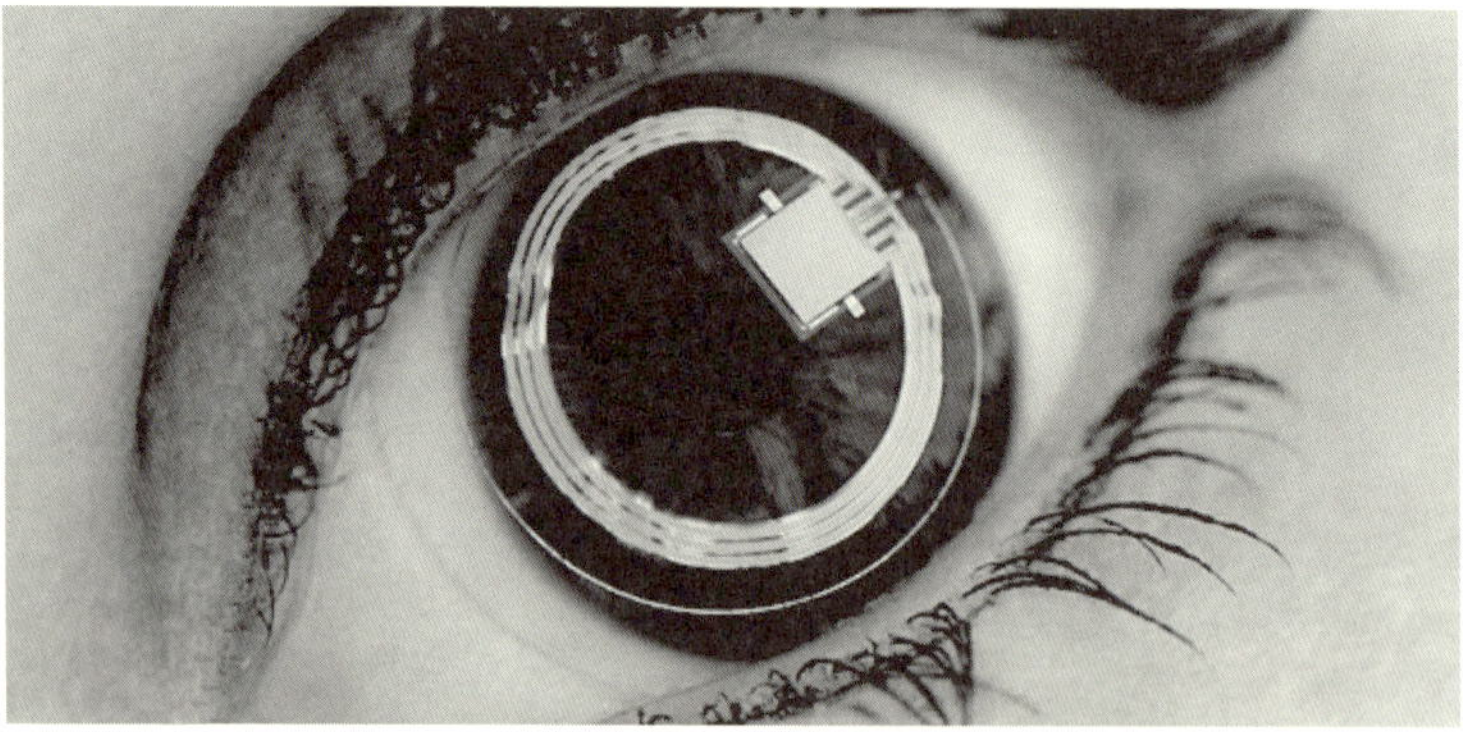

ひずみセンサー内蔵コンタクトレンズ

ワイヤレス給電↑　↓圧力データ

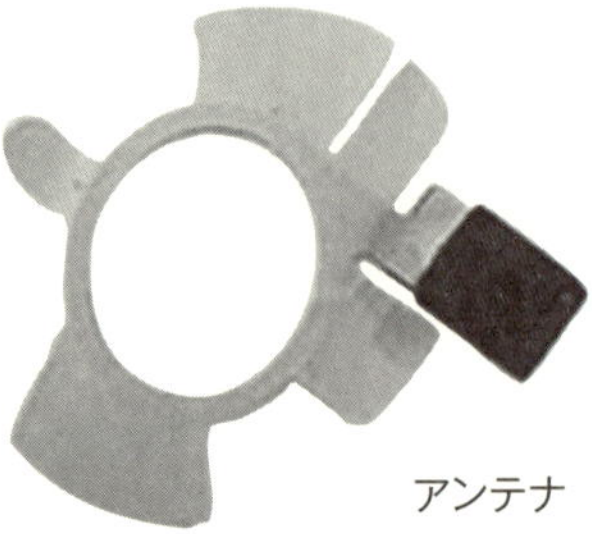

アンテナ

出典：SENSIMED

さて、このコンタクトレンズの詳細な構造ですが、レンズの内部に眼球のごくわずかな膨張を検出するために圧力を測定する「ひずみセンサー」が埋め込まれています。これはまばたきや、睡眠中の眼表面に現れる極小の脈波の検出も可能なほどの高感度センサーです。その測定原理ですが、古くから知られる「ホイートストンブリッジ回路」によるものです。さらに、ＡＳＩＣ（Application Specific Integrated Circuit：特定用途向け集積回路）と呼ばれる回路、ワイヤレス給電のためアンテナおよび圧力データ受信のためのアンテナがコンパクトにまとめられているのです。最新のワイヤレス給電技術により睡眠中のまばたきの測定さえ可能としています。

これらのシステムにより眼圧変動の測定は5分に1回行われますが、これを24時間に渡り、携帯式のレコーダーに記録します。記録されたデータを病院に持ち込み、ドクターがこの計測記録をパソコンに読み込みます。残念ながら、今のところ、眼圧の絶対値を直接測定することができませんが、前述のとおり睡眠時や診療時間外に眼圧が高くなる症状を捉えることが可能であることなど、緑内障診断のための有力な機器として期待されています。「未来型コンタクトレンズ」はすでに現実世界のものとなりました。

コンタクトレンズで健康状態を自動で測定できるなんて、まさに「未来型コンタクトレンズ」だね

43 眼鏡でもコンタクトでもない“レーザ光”で視力矯正？

網膜投影型レーザ「Retina：（株）ＱＤレーザ」と呼ばれる技術は、眼鏡のフレームの内側に埋め込まれた超小型のレーザプロジェクタ（レーザ投影機）から微弱なレーザ光を照射して、直接網膜に画像を投影するものです。眼鏡に内蔵された小型カメラからの撮像や、任意に外部から入力したデジタル映像を網膜に直接投影し、装用者はそれを見ることができるのです。映像を網膜上に描き出す新しい手法です。

レーザ光は直進性を有する優れた光学的特性をもつため、応用範囲が広く、産業機器や身の回りの製品の中で使用されています。しかし、レーザ光（ビーム）は、エネルギー密度が高いため、網膜に直接照射されると視細胞に損傷を与え、使い方を間違えると非常に危険なものにもなります。それゆえに安全基準が設けられており、弱いレーザをクラス1とし、強いレーザクラス4までの間を7段階のクラスに分けて、人体に危害が及ばないように管理しています。クラス2以上は人体に影響を与え、レーザは直視すると危険とされているのです。クラス1のレーザは目に入れても害がない強さ、と定義されています。

この「Retina」のレーザ出力はクラス1に分類され、安全に網膜に画像を提供することができるのです。そして、マクスウェル光学系という光学設計により、角膜や水晶体（レンズ）といった前眼部の状態の影響をほとんど受けずに、投影光を網膜に照射することができます。それにより、視力やピント位置にほぼ関係なく、レーザが網膜に投影され鮮明な画像を見ることができるのです。ただし、瞳孔中心にレーザ光を照射する必要があるために、視線をずらしてしまうと画像が見えなくなってしまいます。

　レーザ光は赤・緑・青の半導体レーザから作られた微弱な光（RGBレーザビーム）が高速で振動する微小な鏡（MEMSミラー）と反射ミラーによって装着者の目に導かれ、瞳孔に収束した後、網膜へと走査・投影されます。

　網膜上においては、肉眼で見ている風景そのものに重ね合わせて投影することも可能です。そのため自然な拡張現実（AR）が実現できます。

　これにより、近視や遠視、さらには拡大撮影などの投影も可能であることから、老視にも対応可能となります。網膜は正常でありながら前眼部（角膜）や水晶体に異常があるためにものが見えない患者に対しても有効です。また、網膜から脳の視機能の特性を調べるため利用できるなど、医療用途にも使用できる画期的なデバイスになる可能性も秘めています。

Retina

提供：（株）QDレーザ

おわりに

「人生」を変える！ 健康〝眼〟寿命がのびる眼鏡・コンタクトレンズ

米粒と同じ重さの極薄コンタクトレンズ。今では日常生活に溶け込み、その利便性の向上により多くの人に愛用されています。コンタクトレンズを使用することは視力補正方法の一つの選択肢ですが、このコンタクトレンズという視力補正方法を選び、人生が変わったと語る有名人がいます。今や日本を代表する心臓外科医、天野篤さんです。

天野篤さんは天皇陛下の心臓バイパス手術を執刀し成功させたことで一躍有名になりました。〝心臓外科の名医〟として知られ、「心臓病であった父親を治療したい」という一心が心臓外科医となる原点となりました。予定された手術であれば99・5％と驚異的な成功率を誇ります。じつは、そんな天野さんも40代の半ばから老眼の症状が出てきたとのことです。手術中も「見えにくい」「暗い」という状況となり、とても定年までは手術ができないと感じはじめたのです。心臓外科医は50代になると老眼などの理由でリタイアしていくと考えられていました。しかし、いまは少なくとも10年は仕事ができる限界年齢が延びたと語ります。そしてその理由の一つに、〝（老視用）多焦点コンタクトレンズ〟を使用していることを挙げています。つまり、コンタクトレンズで健康寿命ならぬ健康〝眼〟寿命が延びたのです。

2012年2月、当時78歳を迎えられていた天皇陛下の心臓バイパス手術は、無事に成功しました。術後15日で無事に退院し、公務に戻ることができました。この心臓手術は、天皇陛下の公務を延長できた一つの大きな要因ともなっています。筆者の知人では、眼鏡からコンタクトレンズに変えたことで、「意中の女性が気に入ってくれるようになり、交際に発展し、結婚することができた」という、人生を大きく変えた経験者もいるのです。

また、眼科医である梶田雅義先生の書籍、「人生が変わるメガネ選び（幻冬舎）」によれば、眼鏡（コンタクトレンズ）によって人生が変わった事例が多くあげられています。見えるようになることが人生に影響を与えることは大げさな表現ではありません。このようにコンタクトレンズや眼鏡の設計・製造技術がひとりの人生を変え、その影響で周りの人物の人生を変えてしまうのです。眼鏡やコンタクトレンズの使用により、人生が変わった人も大勢いることでしょう。

本書の執筆にあたり、恩師である監修の畑田豊彦先生には、学生の頃より基本的な眼光学を学ばせていただきました。眼光学・画像処理システム・情報処理分野において、社会人として活躍のフィールドを与えて頂き、本書の執筆にもご協力いただいたことを、ここに御礼を申し上げます。また、本書の執筆のきっかけを与えて頂いた、ケイ・アンド・ケイ ジャパン株式会社の代表、久保田博南様、及び日刊工業新聞社・出版局・藤井浩様には執筆のアドバイスを頂きました。そして、推敲を手伝ってくれた会社の同僚に、この場をお借りして御礼申し上げます。コンタクトレンズと眼鏡は、人々の生活、そして人生を変えながら、まだまだ進化を続けます。コンタクトレンズの技術者として、今後も世の中の役に立つ製品を提供してゆきたいと思います。

ＱＯＶ（Quality Of Vision）を目指して　２０１８年2月

久保田　慎

【参考資料・参考図書】

●『ニコン眼鏡読本（基礎編）』東 秀夫（著）、日本光学工業株式会社 眼鏡事業部 発行 1969年10月20日

●『めがね工学（光学技術シリーズ10）』大頭 仁 ほか（著）、共立出版 1983年3月30日

●『屈折異常とその矯正』所 敬（著）、金原出版 1988年1月

●『酸素はからだになぜ大切か いつも酸素は不足している！』諏訪邦夫（著）、講談社ブルーバックス新書 1990年4月

●『眼鏡の社会史』白山晰也（著）、ダイヤモンド社 1990年12月

●『ステレオ日記 二つ目の哲学』赤瀬川原平（著）、大和書房 1993年4月

●『コンタクトレンズ（眼科オピニオン）単行本』増田寛次郎・金井 淳（編集）、中山書店 1998年7月

●『メガネの文化史―ファッションとデザイン 単行本―』リチャード コーソン（著）、Richard Corson（原著）、梅田晴夫（翻訳）、八坂書房 1999年3月

●『コンタクトレンズ用語辞典』日本コンタクトレンズ学会編、MEDICAL VIEW 2001年6月

●『コンタクトレンズ』長戸栄卓（著）、東京眼鏡専門学校 2003年4月1日

●『光学系の仕組みと応用』オプトロニクス社 編集部（著・編集）、オプトロニクス社 2003年11月

●『レンズ特性とその選択について』川村隆之（那須ニコン）、視覚の科学 巻：25号：2ページ：51-56 2004年6月26日

●『「退化」の進化学―ヒトにのこる進化の足跡』犬塚則久（著）、講談社ブルーバックス新書 2006年12月20日

●『Invest Ophthalmol Vis Sci. 2011 Apr 6;52(5):2170-4. doi: 10.1167/iovs.10-5485.』Kakita T1, Hiraoka T, Oshika T.、Influence of overnight orthokeratology on axial elongation in childhood myopia

●『眼鏡学ハンドブック』眼鏡学ハンドブック編集委員会、日本眼鏡学会 2011年10月11日

●『理論がわかる 光と音と波の手づくり実験』川村康文（著）、東京理科大学川村研究室（著）、オーム社　２０１３年３月５日
●『人生が変わるメガネ選び（経営者新書 １２１）新書』梶田雅義（著）、幻冬舎　２０１４年９月12日
●『高校数学でわかる光とレンズ』竹内 淳（著）、講談社ブルーバックス新書　２０１６年５月
●『イラストレイテッド光の実験』大津元一（監修）、田所利康（著）、朝倉書店　２０１６年10月25日
●『ハーバード×MBA×医師 働く人のための最高の休息法』猪俣武範（著）、ディスカバー・トゥエンティワン　２０１７年８月26日
●『シードコンタクト研修テキスト 基礎コース』SEED研修センター
●『生理光学、続・生理光学　OplusE No.56~No.133』畑田豊彦（著）、アドコム・メディア

【参考ＵＲＬ】

●国立天文台　https://www.subarutelescope.org/Introduction/instrument/j_AO.html
●大英博物館　http://www.britishmuseum.org/research/collection_online/collection_object_details.aspx?objectId=369215&partId=1

●著者略歴

久保田 慎（くぼた しん）

1974年　東京都生まれ
1999年　東京工芸大学 大学院 光工学専攻 視覚工学研究室修了
1999年～　株式会社シード入社
日本初の使い捨てソフトコンタクト生産技術開発に従事
2013年～　東京眼鏡専門学校（コンタクトレンズ／光学）非常勤講師
2018年～　株式会社シード 技術部 部長
著書『光学技術の事典』（コンタクトレンズ部分、共著）

●監修者略歴

畑田 豊彦（はただ とよひこ）

1969年、早稲田大学大学院理工学研究科応用物理学専攻博士課程修了、工学博士。
元日本眼鏡学会理事長、元東京眼鏡専門学校 校長、日本放送協会放送科学基礎研究所、東京工芸大学工学部教授を経て、東京眼鏡専門学校校長を歴任、東京工芸大学名誉教授。

496.41

おもしろサイエンス**コンタクトレンズと眼鏡の科学**

2018年 2月20日　初版1刷発行
2018年12月27日　初版3刷発行
定価はカバーに表示してあります。

©著　者　久保田　慎
監　修　畑田　豊彦
発行者　井水　治博
発行所　日刊工業新聞社　〒103-8548 東京都中央区日本橋小網町14番1号
書籍編集部　電話 03-5644-7490
販売・管理部　電話 03-5644-7410　FAX 03-5644-7400
URL　http://pub.nikkan.co.jp/
e-mail　info@media.nikkan.co.jp

印刷・製本　(株)ティーケー出版印刷

2018 Printed in Japan　落丁・乱丁本はお取り替えいたします。
ISBN 978-4-526-07807-1
本書の無断複写は、著作権法上の例外を除き、禁じられています。